Le
parcours
du disciple

Le parcours du disciple

LES ÉTAPES DE LA MARCHE CHRÉTIENNE

STEPHEN SMALLMAN

230, rue Lupien
Trois-Rivières (Québec)
Canada G8T 6W4

Édition originale en anglais :
The Walk: Steps for new and renewed followers of jesus
© 2009 par Stephen Smallman
Publié par P&R Publishing Company
  P.P. Box 817, Phillipsburg
  New Jersey 08865-0817

Pour la version française :
© 2014 Publications Chrétiennes, Inc.
  230, rue Lupien
  Trois-Rivières (Québec) G8T 6W4
  Canada

Traduction par Rachelle Gauthier

Traduit et publié avec permission

Tous droits réservés

Dépôt légal : 3ᵉ trimestre 2014

ISBN : 978-2-89082-239-9

Dépôt légal : Bibliothèque et Archives nationales du Québec

  Bibliothèque et Archives Canada

À moins d'indications contraires, toutes les citations bibliques sont tirées de la version revue 1979 Louis Segond de La Société Biblique de Genève.

À Jack et Rose Marie Miller

Ce livre s'appuie essentiellement sur la vision de Jack quant à l'application de l'Évangile dans la vie des croyants comme des incroyants. Merci Seigneur pour le privilège d'avoir pu servir avec Jack. Je suis l'un des nombreux pasteurs dont la vie et le ministère ont été énormément influencés par la vie et l'enseignement de cet homme pieux et remarquable.

Rose Marie : l'amour fraternel et l'amitié dont tu as fait preuve envers moi et Sandy nous ont permis de voir l'Évangile en action dans la vie d'un serviteur de Christ.

Table des matières

Préface 9
Introduction 11

PREMIÈRE PARTIE : Les bases 19
  1. Qu'est-ce qu'un disciple ? 21
  2. Dois-je aller à l'église ? 37
  3. Apprendre à lire la Bible et à prier 51

**DEUXIÈME PARTIE : Devenir un disciple grâce
à l'Évangile** 67

Première étape : connaître l'Évangile 69
  4. L'Évangile de Dieu 71

*Deuxième étape : connaître ce qui nous
a conduits vers l'Évangile* 85
  5. L'appel au salut et l'appel à devenir un disciple 87
  6. La conversion 101

*Troisième étape : connaître les avantages de croire en
l'Évangile (les doctrines de l'Évangile)* 115
  7. Un nouveau dossier : la justification 117
  8. Une nouvelle vie : la sanctification et l'adoption ... 131
  9. Un nouvel avenir : la glorification 145

TABLE DES MATIÈRES

Quatrième étape : mener une vie qui jaillit de l'Évangile (obéir à l'Évangile) 157
   10. La foi exprimée par l'amour 159
   11. L'Évangile change tout 175

TROISIÈME PARTIE : Suivre Jésus dans sa mission 191
   12. Des disciples qui forment d'autres disciples 193

     Le mot de la fin pour les nouveaux disciples
         et les disciples renouvelés de Jésus :
         Que faire maintenant ? 205

     Annexe 1 : Lectures et ressources additionnelles 209
     Annexe 2 : « Messieurs, nous verrions Jésus » —
         Un plan de lecture de 15 semaines comme
         introduction à la vie et aux enseignements
         de Jésus-Christ 217
     Annexe 3 : Un message à tous les disciples
         qui se sont engagés à faire d'autres disciples 223

Préface

JE SUIS PROFONDÉMENT reconnaissant envers Marvin Padgett et les éditeurs de P&R Publishing qui m'ont invité à écrire un livre à l'intention des nouveaux croyants, et qui ont appuyé mon approche pour le faire. Mon plan initial était d'exposer les thèmes et les doctrines que les nouveaux chrétiens devraient comprendre. Cependant, vous constaterez que je me suis détourné légèrement de ce chemin en cours de route pour explorer davantage ce qu'est un vrai disciple et pour comprendre l'appel de Jésus à le suivre. J'ai été captivé par une toute petite phrase dans le premier verset de l'Évangile selon Marc, « *commencement* de l'Évangile ». C'est comme si Marc invitait ses lecteurs à marcher dans les traces des premiers disciples dès le début de leur parcours. Je me suis également efforcé de laisser l'Écriture parler d'elle-même dès le début de l'Évangile selon Marc jusqu'à l'explication de l'Évangile que fait l'apôtre Paul dans sa lettre aux Romains. En expliquant ce concept à d'autres personnes, j'ai réalisé que chaque croyant a profondément besoin d'être conduit dans une telle étude. C'est pour cette raison que ce livre s'adresse autant aux *nouveaux* disciples qu'aux disciples *renouvelés*.

Lors de l'écriture de *Le parcours du disciple : les étapes de la marche chrétienne*, j'ai eu l'occasion de rassembler tout ce que j'ai enseigné ici et là pendant des années. Mon désir avait toujours été de communiquer la grâce, mais ma rencontre avec Jack et Rose

PRÉFACE

Marie Miller ainsi que ma participation à la formation de World Harvest Mission [Mission de la moisson mondiale] ont eu l'effet d'un catalyseur dans ma vie, me montrant que je dois plutôt définir la *grâce* du point de vue de l'Évangile. Ce livre est donc le fruit de ma lutte avec tout ce que cette idée implique. J'ai grandement apprécié la patience dont ont fait preuve les participants de notre programme Vivre pour le Roi à l'église presbytérienne McLean, alors que je le modifiais continuellement en y ajoutant toutes mes nouvelles idées. Plus récemment, mes étudiants de LAMPhilly, notre ministère de formation pastorale à Philadelphie, m'ont servi de cobayes alors que je combinais des cours d'évangélisation et discipolat pour créer le cours « Faire des disciples ». Encore plus récemment, un groupe de New Life Glenside m'a aidé à peaufiner ce livre. Je tiens à remercier Dan, Lauren, Chris, Cristina, Ron, Judy et Connie. J'ai également énormément apprécié l'aide de Joan et Tom qui se sont servis de ce livre pour conduire de jeunes adultes à Jésus. De tous ceux qui l'ont lu, Will Grant est celui qui a le plus remanié ce manuscrit, et plusieurs idées dans ce livre sont les siennes. Comme toujours, ma femme, Sandy, a été ma première éditrice et ma meilleure critique.

Le passage qui m'a permis d'évaluer mon ministère ces dernières années est Actes 20.24 : « Mais je ne fais pour moimême aucun cas de ma vie, comme si elle m'était précieuse, pourvu que j'accomplisse ma course, et le ministère que j'ai reçu du Seigneur Jésus, d'annoncer la bonne nouvelle de la grâce de Dieu. » Ma prière est que ce livre serve dans ce but et qu'il vous fasse connaître et aimer l'Évangile de la grâce de Dieu.

À Dieu soit la gloire !

Introduction : Voici Tite

LAISSEZ VOTRE IMAGINATION vous transporter quelques dizaines d'années après la crucifixion de Jésus. Dans la ville de Rome, qui était à l'époque la plus grande puissance mondiale, un jeune homme fictif du nom de Tite était à la recherche d'un sens pour sa vie. Tite avait grandi sans remettre en question les croyances et les pratiques de sa culture — les nombreux dieux et déesses dont les caprices se reflétaient dans la manière dont les gens se traitaient les uns les autres ; les nombreuses « spiritualités » qui tentaient d'attirer toujours plus de partisans ; la fascination grandissante pour les sports et les jeux d'argent qui attiraient l'attention ailleurs que sur les terribles problèmes sociaux telles la pauvreté et les familles éclatées. Tite avait lui-même goûté à quelques aspects « amusants » qu'offrait sa ville et avait même emprunté différents chemins spirituels qui lui étaient présentés. Malgré tout, la sensation de vide, dont il souffrait et dont les gens autour de lui souffraient aussi, ne partait pas. Au contraire, elle grandissait. Il s'est mis à être de plus en plus cynique et indifférent, ce qui reflétait non seulement l'attitude des habitants de Rome, mais aussi celle de tout l'Empire romain.

Seul un groupe étrange de personnes connues comme étant des *disciples de Jésus* semblait résister à ce manque flagrant de direction et de but. Jésus était un homme juif qui avait été exécuté dans la ville de Jérusalem et qui, selon ses disciples, était ressuscité des

INTRODUCTION

morts. Par le biais d'une connaissance, Tite a été présenté à ce groupe, il a été accueilli, et il a participé à leurs rassemblements. Plus il en apprenait sur Jésus et plus il voyait l'amour qui animait ses disciples, plus Tite se sentait attiré, au point de croire être lui-même devenu un disciple.

L'outil principal de ce groupe pour en apprendre davantage au sujet de Jésus était un petit livre appelé *évangile* écrit par Jean Marc, un homme qui avait grandi alors que Jésus vivait encore, et dont la mère était l'une des premières à suivre Jésus. Cet exemplaire de l'évangile leur avait été offert par l'un des premiers disciples de Jésus, Pierre, qui visitait Rome occasionnellement. Tite aimait de plus en plus se joindre au groupe et écouter la lecture de longs passages de Marc, puis l'explication qui était donnée par les anciens. Il y avait quelque chose de puissant et de merveilleux au sujet de Jésus qui l'attirait comme un aimant vers la foi, le faisant emprunter un tout autre chemin pour sa vie.

Alors que Tite était avec le groupe, une lettre est arrivée de la part d'un autre homme qui faisait partie des initiateurs du mouvement : l'apôtre Paul. Nombreux étaient ceux qui connaissaient Paul, car ils l'avaient accompagné dans d'autres villes. Cette fois, Paul planifiait visiter Rome, mais plutôt que de n'envoyer qu'une petite note pour les informer, Paul avait écrit une longue lettre soigneusement rédigée dans laquelle il expliquait le même mot que Marc utilisait : *évangile*. Non seulement le groupe qui avait reçu cette lettre était rempli de joie à l'idée de voir Paul bientôt, mais il avait aussi du nouveau matériel à étudier. C'est avec enthousiasme que les disciples ont lu cette lettre et ont discuté à son sujet, lettre que nous connaissons aujourd'hui comme étant l'épître aux Romains.

Tite ne comprenait pas tout ce qu'il entendait au sujet de Jésus, mais il s'y efforçait. Il se sentait assez à l'aise, mais pas tout à fait. Il n'avait pas encore été baptisé, immergé dans l'eau, ce qui était la façon de témoigner publiquement qu'il était un disciple de Jésus. Tite venait pour chanter, pour adorer Dieu en Jésus, et pour recevoir

INTRODUCTION

un enseignement. Toutefois, il ne restait pas au repas partagé par les membres du groupe pour se commémorer ce que Jésus avait fait et pour être renouvelés spirituellement pour traverser les épreuves dans leur vie — des épreuves qui impliquaient souvent d'être ridiculisés et même attaqués par les autres. Tite se tenait à la croisée des chemins. Était-il prêt à devenir un membre à part entière de cette communauté et à suivre Jésus ? Était-il prêt à tenir ferme et à s'afficher comme étant le disciple d'un homme qu'il commençait à peine à connaître ?

ÊTES-VOUS UN TITE ?

Vous ressemblez peut-être en tout point au Tite que je viens de décrire, et vous vous sentez peut-être trop nouveau pour considérer sérieusement la personne de Jésus. Vous vous sentez attiré à lui, pourtant, vous n'avez qu'une vague idée sur qui il est. Vous êtes ce que j'appelle un *nouveau disciple*, et vous n'êtes peut-être pas même certain d'en être un. En revanche, vous avez peut-être grandi dans un milieu où vous entendiez parler de Jésus. Les histoires bibliques à son sujet vous sont familières, peut-être même un peu trop. Toutefois, vous êtes arrivé à un point dans votre vie où vous vous sentez prêt pour un nouveau départ avec lui. Il est possible que certaines expériences aient ébranlé votre foi ; ou bien, peut-être êtes-vous reconnaissants pour l'héritage que vous avez reçu, mais désireux à présent de voir Jésus avec vos propres yeux, et non ceux de vos parents ou de votre église. Je vous vois comme un *disciple renouvelé*. Que vous soyez un nouveau disciple ou un disciple renouvelé, l'Évangile selon Marc a été écrit pour vous présenter Jésus, et c'est là que nous commencerons notre étude.

Je suis convaincu que le scénario que je vous ai offert n'est pas très loin de ce qui est réellement arrivé. L'Évangile selon Marc a probablement été l'un des premiers comptes rendus de la vie

INTRODUCTION

et du ministère de Jésus qui ont été nommés *évangiles* et, selon la tradition, il a probablement été rédigé dans le but de soutenir Pierre dans les débuts de son ministère à Rome. De plus, nombreux sont les Romains qui n'approuvaient pas les diverses spiritualités de l'époque et qui étaient las de la décadence et de l'impudicité dans le monde romain. Certains étaient tentés de dénoncer cet homme mystérieux appelé Jésus, d'autres se considéraient comme étant croyants, et d'autres n'étaient pas près de faire une telle déclaration, mais ils voulaient tout de même en savoir plus sur lui et sur ses enseignements. La lettre que Paul a écrite aux Romains à un certain moment de cette époque les a conduits un peu plus loin dans leur marche. Paul leur a écrit en tenant pour acquis qu'ils savaient certaines choses sur Jésus et qu'ils avaient fait du progrès dans leur marche avec lui. Ces premiers disciples formaient l'Église de Rome, alors Paul allait venir enseigner l'Évangile *aux disciples*. Comme nous le verrons, son but était quelque peu différent de celui de Marc, mais il est évident qu'il désirait construire sur la base de l'Évangile. Ainsi, je vais définir les étapes trouvées dans la lettre de Paul comme étant *la marche évangélique du disciple*.

L'un des nombreux termes utilisés dans la Bible pour décrire la vie du disciple et de celui qui suit Jésus est le mot « marcher », qui se retrouve également dans le titre que j'ai choisi pour ce livre. Une marche peut être une petite promenade agréable pour se dégourdir les jambes, tout comme elle peut être la résolution d'atteindre une destination bien précise. Évidemment, suivre Jésus est le second type de marche. Nous nous rapprochons de notre objectif un pas à la fois, c'est ainsi que vous devriez voir votre marche avec Jésus. Que vous soyez un nouveau disciple ou un disciple renouvelé, votre premier pas est de rencontrer Jésus lui-même. Dans *Le parcours du disciple*, nous ferons ce pas en lisant l'Évangile écrit par Marc. Nous ferons ensuite quelques pas de plus en tant que disciples en étudiant la lettre que Paul a écrite à l'Église de Rome.

INTRODUCTION

COMMENT UTILISER CE LIVRE

Commencez avec Jésus. L'unique prérequis pour pouvoir tirer le maximum de ce livre est simplement de désirer connaître Jésus de tout son cœur. Ce désir mène à vouloir poser des actions concrètes. Il vous apparaîtra tout de suite évident dans cette étude que Jésus n'est pas simplement une personne intéressante à connaître ou un personnage important de l'histoire à étudier. Jésus nous appelle à le suivre. Prenez votre temps pour répondre à son appel, mais, en fin de compte, les deux seules réponses possibles sont *oui* ou *non*[1].

Ce livre est « La vie de disciple pour les nuls ». En préparant cette étude, j'ai supposé que vous n'aviez jusqu'à maintenant aucune connaissance de base sur Jésus ou sur la marche chrétienne. Je me suis donc continuellement posé cette question : « Est-ce que Tite comprendrait ce que je suis en train de dire ? » Je me suis donc inspiré de la série de livres populaires Pour les nuls[TM], qui m'a tant aidé à me servir d'un ordinateur. Les auteurs de ces livres n'ont jamais oublié ce que c'est de commencer quelque chose du début. Ils sont conscients qu'un grand nombre de personnes n'ont aucune idée du bouton sur lequel appuyer pour allumer un ordinateur, et ne savent pas du tout quoi faire lorsque des choses étranges commencent à apparaître sur l'écran. Certains d'entre nous ne connaissent même pas les mots pour décrire ce que nous voyons, ce qui veut dire qu'un manuel d'instruction ordinaire ne serait d'aucune utilité puisque le langage qui s'y trouve est complètement nouveau.

J'ai entamé ma marche chrétienne il y a plus de 50 ans, tout comme Tite. S'il y a déjà eu un « nul » quant à tout ce qui concerne

---

1. Vous trouverez dans l'annexe 1 quelques suggestions de lectures additionnelles. Elle contient des livres et des ressources idéales pour ceux qui se posent des questions plus générales quant à leur foi, comme sur l'existence de Dieu et sur la véracité de la Bible. Ce sont des questions très importantes pour beaucoup de lecteurs, et elles méritent des réponses réfléchies. Toutefois, mon but en écrivant ce livre est de m'adresser à ceux qui veulent en savoir plus sur ce que cela signifie de suivre Jésus.

INTRODUCTION

Jésus, c'est moi. J'ai demandé à Dieu que je n'oublie jamais ce dont il s'agit de commencer en croyant en Dieu de façon plutôt générale et en étant tout juste au courant qu'il y avait un livre que « tout le monde » devrait connaître appelé *La Sainte Bible*. Ayant grandi dans les années 50, j'avais des connaissances plutôt générales des vérités religieuses, mais j'ai quand même eu besoin de « commencer au commencement », alors je suppose que ce besoin est encore plus criant de nos jours. Si vous êtes un Tite, vous n'êtes pas seul. Ne soyez pas intimidé par les gens autour de vous qui semblent en savoir beaucoup plus, parce que si vous leur demandez de définir les mots du « jargon » chrétien qu'ils utilisent, ils risqueraient de bafouiller.

Ce livre est davantage un guide qu'un « tout inclus ». Si vous achetez un livre « pour les nuls » afin d'apprendre comment utiliser votre ordinateur, ce dernier est écrit en tenant pour acquis que vous vous trouvez devant votre ordinateur pendant que vous lisez. Autrement, ce que vous lisez est peut-être intéressant, mais c'est inutile tant et aussi longtemps que vous ne le mettez pas en pratique. De la même façon, je vais attirer votre attention sur ce qui est écrit dans la Bible, mais cela veut dire que vous devez vous arrêter et lire vous-même les passages qui se trouvent dans la Bible. En définitive, j'espère et je demande à Dieu que ce livre ne soit que le début d'une étude sérieuse de la Bible, et qu'il fasse naître en vous le désir grandissant de connaître toujours plus le Dieu qui se révèle au travers elle. De plus, puisque la Bible nous met en garde de ne pas être de ceux qui entendent la Parole sans la mettre en pratique, vous aurez des devoirs à faire pour vous aider à avancer de quelques pas dans votre marche avec Jésus. Ces devoirs vous indiqueront la bonne direction à suivre ainsi que les bons pas que *vous* devez faire. C'est à vous d'avancer, un pas à la fois.

Votre premier devoir : Achetez-vous une bible si vous n'en avez pas déjà une. Je vous recommande la *Nouvelle édition de Genève* ou la *Semeur*, mais il y a aussi plusieurs autres excellentes versions.

INTRODUCTION

Cette bible devrait devenir un livre familier, un livre dans lequel vous pourrez souligner et prendre des notes pour vous-même. Si vous êtes membre d'une église, notez la traduction utilisée lors des prédications et des enseignements, et essayez de vous servir de la même lors de votre étude personnelle.

Je vous recommande également de tenir un journal, au moins pendant que vous étudiez ce livre. Vous pourriez le faire dans un carnet ou le taper à l'ordinateur. Essayez de prendre l'habitude d'écrire les choses que vous apprenez et les réflexions qu'elles vous inspirent. Écrivez les réactions que vous avez lors de vos lectures de la Bible et des conversations que vous avez avec les autres, écrivez même vos prières.

Réfléchissez à des moyens d'étudier avec les autres. Ce livre a été écrit pour être utilisé dans une classe, dans un groupe ou avec une ou deux autres personnes. Même s'il n'y a personne pour diriger l'étude, vous devriez considérer faire cette étude avec quelqu'un d'autre. Tout apprentissage, en particulier une étude sur la marche chrétienne du disciple, est bien plus efficace lorsqu'il est fait avec d'autres personnes.

Prenez votre temps. Être un disciple de Jésus est un engagement pour la vie. Il est important de commencer (ou de recommencer) du bon pied. Même si vous lisez rapidement ce livre, il a été conçu pour que vous puissiez facilement revenir sur certains points, les évaluer et poursuivre votre marche pas à pas. Si vous vous engagez à faire vos devoirs à la fin de chaque chapitre, vous trouverez peut-être préférable de lire et d'étudier un seul chapitre par semaine. Je vous suggère même de prendre toute une année pour lire ce livre, vous laissant un mois pour étudier et discuter sur chaque chapitre.

En résumé, comment utiliser ce livre

- Ayez premièrement le désir sincère de suivre Jésus.
- Ne vous sentez pas mal d'être un « nul ».
- Procurez-vous une bible et commencez à tenir un journal.
- Réfléchissez à des moyens d'étudier avec les autres.
- Prenez votre temps.

PREMIÈRE PARTIE

LES BASES

Cette partie intitulée « Les bases » a deux raisons d'être. Premièrement, j'espère qu'elle vous donnera l'occasion de réfléchir sur des questions qui sont à la base d'une étude sur la marche chrétienne. Vous n'avez qu'à regarder les titres des trois prochains chapitres pour connaître ces questions. Être membre d'une église et commencer à lire la Bible et à prier ne font pas automatiquement de vous un disciple, mais ce sont des outils essentiels pour la marche chrétienne.

La deuxième raison est peut-être encore plus importante que la première. Alors que vous considérerez quelques questions fondamentales, Jésus vous sera également présenté par la lecture de l'Évangile selon Marc. Comme vous le constaterez, je n'ai pas établi de plan de lecture ni de guide d'étude particulier. Je veux seulement vous encourager à lire au sujet de Jésus et à réfléchir sur sa personne. Si la marche chrétienne est essentiellement de suivre Jésus, nous avons avantage à connaître qui il est et ce qu'il nous appelle à faire. Si nous ne saisissons pas cette vérité dès le début, nous nous écarterons bien vite du chemin. Bien entendu, tout le reste est important, mais secondaire comparativement à la vérité qu'être un disciple signifie de suivre Jésus.

Chapitre 1 : Qu'est-ce qu'un disciple ?
Chapitre 2 : Dois-je aller à l'église ?
Chapitre 3 : Apprendre à lire la Bible et à prier

CHAPITRE 1

Qu'est-ce qu'un disciple ?

EN 2008, LES ÉTATS-UNIS ont célébré un triste anniversaire. Quarante années plus tôt, le 4 avril 1968, Martin Luther King a été assassiné à Memphis au Tennessee. Une pluie d'articles de journaux et de magazines ainsi que de reportages spéciaux à la télévision ont rapporté ces événements tragiques, en présentant presque systématiquement un entretien avec les plus proches partisans de Martin Luther King. Ils étaient généralement appelés ses « disciples ». La plupart d'entre eux avaient poursuivi la lutte pour faire avancer la cause des droits de la personne, mais s'ils ont accompli quoi que ce soit, c'est à cause de la relation qu'ils ont eue avec leur chef, ainsi que l'inspiration qu'ils ont reçue de lui.

Beaucoup d'autres exemples modernes d'un maître et ses disciples pourraient être donnés. Je crois que la plupart d'entre nous ont saisi en gros de quoi il s'agit d'être un disciple. Un disciple est une personne qui se consacre à apprendre et à suivre l'exemple d'un enseignant ou d'un maître. Maintenant, qu'est-ce qu'un disciple de Jésus ? C'est pour répondre à cette question que nous faisons cette étude. Rien de mieux pour commencer à répondre à cette question que de lire l'évangile qui est destiné à le faire — l'Évangile selon Marc.

 Lecture biblique : Marc 1.1-20

(Pour ce chapitre seulement, je vais insérer le texte biblique à lire, mais pour les autres chapitres, je m'attends à ce que vous mettiez ce livre de côté pour lire les passages suggérés dans votre propre bible. Si vous êtes avec d'autres personnes, l'un d'entre vous peut lire à haute voix et le reste d'entre vous peut suivre dans sa propre bible. Discutez ensuite de ce que vous avez lu. Ne vous attardez pas aux détails, après tout, c'est une présentation de la personne de Jésus, vous pourrez revenir à ce passage autant de fois que vous le voulez au fur et à mesure que vos connaissances s'élargissent.)

> Commencement de l'Évangile de Jésus-Christ,
> Fils de Dieu.
> Selon ce qui est écrit dans Ésaïe, le prophète :
>
> Voici, j'envoie devant toi mon messager,
>   Qui préparera ton chemin ;
> C'est la voix de celui qui crie dans le désert :
> Préparez le chemin du Seigneur,
>   Aplanissez ses sentiers.

Jean parut, baptisant dans le désert, et prêchant le baptême de repentance, pour le pardon des péchés. Tout le pays de Judée et tous les habitants de Jérusalem se rendaient auprès de lui ; et, confessant leurs péchés, ils se faisaient baptiser par lui dans les eaux du Jourdain.

Jean avait un vêtement de poils de chameau, et une ceinture de cuir autour des reins. Il se nourrissait de sauterelles et de miel sauvage. Il prêchait, disant : Il vient après moi celui qui est plus puissant que moi, et je ne suis pas digne de délier, en me baissant, la courroie de ses souliers. Moi, je vous ai baptisés d'eau ; lui, il vous baptisera du Saint-Esprit.

En ce temps-là, Jésus vint de Nazareth en Galilée, et il fut baptisé par Jean dans le Jourdain. Au moment où il sortait de l'eau, il vit les cieux s'ouvrir, et l'Esprit descendre sur lui comme une colombe. Et une voix fit entendre des cieux ces paroles : Tu es mon Fils bien-aimé, en toi j'ai mis toute mon affection.

Aussitôt, l'Esprit poussa Jésus dans le désert, où il passa quarante jours, tenté par Satan. Il était avec les bêtes sauvages, et les anges le servaient.

Après que Jean eut été livré, Jésus alla dans la Galilée, prêchant l'Évangile de Dieu. Il disait : Le temps est accompli, et le royaume de Dieu est proche. Repentez-vous, et croyez à la bonne nouvelle.

Comme il passait le long de la mer de Galilée, il vit Simon et André, frère de Simon, qui jetaient un filet dans la mer ; car ils étaient pêcheurs. Jésus leur dit : Suivez-moi, et je vous ferai pêcheurs d'hommes. Aussitôt, ils laissèrent leurs filets, et le suivirent. Étant allé un peu plus loin, il vit Jacques, fils de Zébédée, et Jean, son frère, qui, eux aussi, étaient dans une barque et réparaient les filets. Aussitôt, il les appela ; et, laissant leur père Zébédée dans la barque avec les ouvriers, ils le suivirent.

Réfléchissez maintenant à ce que vous venez de lire. Si vous connaissiez déjà ce passage, essayez de le voir dans la perspective de notre ami fictif Tite, qui n'a aucun arrière-plan biblique. S'il a été introduit à la vie de disciple par Marc, cela signifie qu'il a dû sauter dans le bateau en pensant à Jésus avant quoi que ce soit d'autre. Le tout premier verset de l'Évangile selon Marc est :

« Commencement de l'Évangile de Jésus-Christ, Fils de Dieu ». Le mot *évangile* signifie qu'une bonne nouvelle sera annoncée. Marc parle du *commencement* de l'Évangile, ainsi, nous savons qu'il y a encore beaucoup à apprendre. Néanmoins, avant d'aller plus loin, nous avons besoin de savoir que la bonne nouvelle annoncée dans la Bible concerne Jésus, qui est le Christ, le Fils de Dieu.

 Pour en savoir plus

> Vous devez savoir que *Christ* n'est pas le nom de famille de Jésus. C'est la traduction grecque du mot hébreu *Messie*. *Messie* signifie « l'oint ». On versait de l'huile sur la tête de celui qui allait devenir roi. Jésus de Nazareth (sa ville natale) est identifié comme celui dont la venue a été promise depuis des siècles, celui qui délivrerait le peuple juif. Ainsi, Marc identifie cet homme comme étant Jésus, le *Messie* et aussi le *Fils de Dieu*.

Dans les quelques versets qui suivent, nous faisons la connaissance de Jean, également appelé Jean Baptiste, celui qui prépare les gens à la venue du Messie (un autre homme appelé Jean apparaît dans ce chapitre, le pêcheur qui est devenu un disciple de Jésus). Lorsque Jean a baptisé Jésus, le Saint-Esprit est descendu du ciel sur lui et une voix venant du ciel s'est fait entendre, appelant Jésus son Fils bien-aimé. Nous ne sommes qu'au début de l'Évangile, et déjà on nous enseigne la Trinité ; Dieu le Père, Dieu le Fils et Dieu le Saint-Esprit ! Nous avons également appris l'existence de Satan, cet ange déchu qui tente Jésus dans le désert.

De toute évidence, il y a encore beaucoup à apprendre, mais avant de nous laisser réfléchir à tout ce qui s'est passé jusqu'ici, Marc nous confronte déjà à l'appel de Jésus. Référez-vous de nouveau au passage que vous venez de lire — Jésus est venu en Galilée (une région au nord d'Israël) « prêchant l'Évangile de Dieu ». Voici ce qu'il annonçait : « Le temps est accompli, et le royaume de Dieu est proche. Repentez-vous, et croyez à la bonne nouvelle ! » Jésus parlait en enseignant constamment au sujet du royaume (« le royaume de Dieu », « le royaume des cieux »), mais essayez d'imaginer le genre de réaction que pouvaient bien avoir ceux qui l'entendaient. Le mot *repentir* implique de changer sa vie, il implique de se convertir. Les gens étaient interpelés à changer de direction et à suivre Jésus, celui qui appelle les gens à croire « à la bonne nouvelle ! »

Les versets qui suivent présentent un exemple de conversion, alors que Jésus appelle quatre hommes à le suivre. Simon (également appelé Pierre), André, Jacques et Jean étaient tous des pêcheurs. Jésus leur a demandé de le suivre, et le texte rapporte qu'ils ont « aussitôt » quitté leur ancienne vie pour suivre Jésus. Est-ce là toute l'histoire ? Probablement pas. Ces premiers disciples n'auraient-ils pas eu le temps d'apprendre à connaître Jésus ? Il est possible que non. Pourtant, si l'on se fie à la manière dont Marc décrit la marche chrétienne au début de son évangile, le disciple est celui qui entend l'appel de Jésus et qui décide de le suivre. Marc ne donne aucun détail additionnel.

Observez maintenant un autre exemple de Jésus qui appelle des disciples. Dans le deuxième chapitre de Marc, Jésus appelle Lévi, un collecteur d'impôt, à le suivre. (À cette époque, le travail de collecteur d'impôts n'était pas un vrai travail ; c'était de l'escroquerie pour que certains Juifs placés sous la protection romaine s'enrichissent sur le dos d'autres Juifs. Ainsi, les gens se méfiaient des collecteurs d'impôts et ils les détestaient.)

 Lecture biblique : Marc 2.13-17

Jésus sortit de nouveau du côté de la mer. Toute la foule venait à lui, et il leur enseignait. En passant, il vit Lévi, fils d'Alphée, assis au bureau des péages. Il lui dit : Suis-moi. Lévi se leva, et le suivit.

Comme Jésus était à table dans la maison de Lévi, beaucoup de publicains et de gens de mauvaise vie se mirent aussi à table avec lui et avec ses disciples ; car ils étaient nombreux, et l'avaient suivi. Les scribes et les pharisiens, le voyant manger avec les publicains et les gens de mauvaise vie, dirent à ses disciples : Pourquoi mange-t-il et boit-il avec les publicains et les gens de mauvaise vie ? Jésus ayant entendu cela, leur dit : Ce ne sont pas ceux qui se portent bien qui ont besoin de médecin, mais les malades. Je ne suis pas venu appeler des justes, mais des pécheurs.

Ce récit est probablement encore plus surprenant que l'appel des quatre pêcheurs. Jésus a dit à Lévi de le suivre, et Lévi a aussitôt quitté son poste de collecteur d'impôts pour le suivre. Avait-il seulement déjà rencontré Jésus ? Était-il déjà croyant ? Marc ne le mentionne pas. Tout ce que nous savons est que Lévi a entendu l'appel de Jésus et l'a suivi. C'est un tournant dans sa vie ; Marc raconte qu'un repas a eu lieu pour célébrer la nouvelle vie de Lévi et tous ses amis étaient invités. (Avez-vous remarqué que les compagnons de Jésus étaient déjà appelés ses *disciples* ? Lisez bien le deuxième paragraphe du passage.) Remarquez ce que Jésus a répondu à ceux qui étaient surpris de le voir en compagnie de collecteurs d'impôts et de pécheurs : « Ce ne sont pas ceux qui se portent bien qui ont besoin de médecin, mais les malades. Je ne suis pas venu appeler des justes, mais des pécheurs. » Voilà une autre référence à « l'appel » de Jésus.

QU'EST-CE QU'UN DISCIPLE DE JÉSUS ?

En réunissant toutes les leçons apprises dans ces deux premiers chapitres de l'Évangile selon Marc, je crois que nous pouvons déclarer qu'un disciple de Jésus est une personne qui a *entendu son appel* et qui y a répondu en *se repentant, en croyant à l'Évangile* et *en suivant Jésus*. Examinons maintenant chacun de ces points.

Entendre l'appel de Jésus

Alors que vous essayez de comprendre ce qu'est un disciple de Jésus, la première chose à considérer est que Dieu est mystérieusement à l'œuvre derrière nos pensées et nos actions. Certains de mes amis appellent cela « l'affaire de Dieu ». Un vrai disciple n'est pas seulement inspiré par Jésus ; il est *transformé* par lui. L'âme des premiers disciples a goûté à la puissance surnaturelle de Jésus au moment où ils ont entendu l'appel de Jésus. Ce n'est donc pas étonnant qu'ils aient quitté tout ce qu'ils étaient en train de faire pour le suivre ! Je ne crois pas que Marc s'attend à ce que tous ceux qui entendent l'appel de Jésus réagissent de la même façon, mais je pense qu'il veut nous enseigner qu'en fin de compte, le résultat est le même. Peu importe le temps requis pour parvenir à ce résultat, celui qui entend l'appel de Jésus se repentira, croira en l'Évangile et suivra Jésus, parce qu'avec l'appel de Jésus vient la puissance de répondre à cet appel.

« Puis-je entendre l'appel de Jésus aujourd'hui ? » C'est une question assez prévisible, car Jésus ne marche plus sur la terre aujourd'hui, et il ne regarde plus les gens directement dans les yeux lorsqu'il leur dit : « Suis-moi ». Néanmoins, Jésus appelle encore des hommes et des femmes, jeunes et vieux, à devenir ses disciples — il les appelle à la repentance, à croire en l'Évangile et à le suivre. Un peu plus loin dans cette étude, nous verrons que Paul fait constamment référence à ceux qui suivent Jésus comme étant les « appelés ». Il écrivait à des gens comme vous et moi, des personnes qui n'avaient encore jamais rencontré Jésus personnellement dans sa forme humaine, mais qui avaient quand même été appelées à le suivre de façon tout aussi convaincante que pour les premiers disciples. On peut encore entendre l'appel de Jésus lorsque les paroles de Jésus ou d'autres passages de la Bible sont lus et enseignés. On peut aussi entendre l'appel intérieurement grâce à l'œuvre surnaturelle de Dieu dans notre cœur et notre esprit. Nous nous attarderons sur ce genre d'appel au chapitre 5.

Arrêtez-vous et réfléchissez à la façon dont vous avez été personnellement appelé à suivre Jésus. Il se peut que tout ceci soit très nouveau pour vous, comme ce l'a été pour Tite. D'un autre côté, beaucoup de ceux qui lisent ce livre ont grandi en entendant parler de Jésus et de ses enseignements. Toutefois, cet enseignement doit être reçu personnellement et appliqué à notre propre vie. Je suis celui que Jésus appelle à se repentir, à croire et à le suivre. L'un des buts les plus importants de ce livre est de vous donner l'occasion de découvrir si votre intérêt envers Jésus est suscité par un appel personnel et surnaturel. Il est tout à fait possible de suivre Jésus pour des raisons complètement humaines, mais un tel appel ne dure pas, et plusieurs anciens « disciples » vont même aller voir autre chose. Or, un vrai disciple appelé par Jésus ne dévie pas de sa route, et il continue d'avancer malgré tous les obstacles qui se présentent, parce qu'avec l'appel de Jésus vient également sa puissance transformatrice.

Se *repentir*

Selon Marc, le premier pas suivant l'appel de Jésus est de se « repentir » (Mc 1.15). Voilà le même défi que posait Jean Baptiste, qui est venu « prêchant le baptême de repentance, pour le pardon des péchés » (1.4). En somme, se *repentir* signifie de « se retourner », et possède une connotation particulière, celle de se détourner du péché en empruntant un autre chemin. Il est donc nécessaire de laisser notre ancienne vie derrière nous afin de suivre Jésus. Lorsque j'enseigne une telle chose, j'aime imaginer une pièce dont deux des murs s'opposent l'un l'autre. Sur l'un des murs est écrit le mot *péché*, qui représente toutes mes mauvaises pensées et mes mauvaises actions, qui ne sont qu'une petite fraction de tout ce que j'y vois. L'autre mur représente Jésus, le pardon des péchés et la nouvelle vie trouvée en lui. Je ne peux faire face aux deux murs en même temps — la vie de disciple n'est jamais présentée comme une vie où l'on ajoute Jésus à la vie que nous menons déjà. Il faut se tourner vers Jésus pour marcher sur un tout autre chemin.

Jésus et les autres qui ont prêché l'Évangile au début de l'Église ont appelé les gens à la repentance de différentes façons. Mais ils ont tous encouragé les gens à reconnaître qu'ils sont pécheurs et qu'ils ont besoin de la rédemption, d'être sauvés de leur condition de pécheur. Rappelons-nous les paroles de Jésus après qu'il ait appelé Lévi : « Je ne suis pas venu appeler des justes, mais des pécheurs »(2.17). Le problème du péché n'est pas le sujet le plus populaire, mais nous y revenons sans cesse alors que l'appel de Jésus remplit notre âme.

Croire en l'Évangile

Le deuxième pas suivant l'appel de Jésus est de croire « la bonne nouvelle » (Mc 1.15), qui est l'*Évangile*. Dans le contexte de l'Évangile selon Marc, l'Évangile est la bonne nouvelle que Dieu est enfin venu accomplir sa promesse de rendre le salut accessible au monde entier. La raison de sa venue est *le royaume de Dieu*, qui est le thème central des enseignements de Jésus. Jésus a annoncé que « le royaume de Dieu est proche » (1.15), car il était venu. Jésus, le Messie, était Dieu fait homme pour offrir le salut au monde. Ainsi, croire en l'Évangile est une autre façon de dire : « je crois en Jésus, qui est le Christ, le Messie, le Fils de Dieu ».

LES BASES

Arrêtez-vous et réfléchissez au fait que l'appel à se repentir suit naturellement l'appel à suivre Jésus. Se détourner de nos péchés se fait lorsque nous nous tournons vers Jésus. Voilà la véritable conversion, l'union de la foi et de la repentance.

L'appel de Jésus à croire en l'Évangile est, en réalité, un appel à croire en lui. Lors de votre lecture de l'Évangile selon Marc, vous verrez les nouveaux disciples grandir dans la foi au fur et à mesure qu'ils apprennent à connaître Jésus. Il leur arrivera de se décourager, et leur foi vacillera, comme lors de la crucifixion de Jésus, mais Jésus est ressuscité des morts, et leur foi a été fortifiée une fois de plus. Voilà à quoi ressemblera votre propre progrès en tant que disciple. Ce qu'il faut que vous sachiez alors que vous commencez à prendre en considération l'appel de Jésus à croire en lui, c'est qu'en fin de compte, notre foi fera une différence pour la seule raison que c'est une foi *en Jésus*, qui est le Fils de Dieu, le Roi du royaume de Dieu. Il nous arrivera de lutter et de douter, mais Jésus, en qui nous plaçons notre confiance, est inébranlable.

 Pour en savoir plus

Prenez garde de ne pas confondre le mot « croire » et l'expression « avoir la foi ». Ils sont porteurs du même sens : lorsque nous *croyons* (un verbe), nous avons la *foi* (un nom). Les deux mots expriment le fait de placer notre confiance en ce qui nous semble être la vérité, tout en faisant les pas qui témoignent de notre confiance. Croire qu'une chose est vraie et croire *en* quelqu'un ou quelque chose sont deux choses complètement différentes. Par exemple, nous pouvons dire que nous croyons qu'une chaise peut supporter notre poids seulement en la regardant, mais c'est en nous asseyant sur celle-ci que nous faisons preuve de foi.

Viens, et suis-moi

Le troisième pas suivant l'appel de Jésus, que vous devez prendre en considération au début de votre étude sur la marche chrétienne, est celui de le suivre (Mc 1.17). Les premiers disciples pouvaient-ils savoir ce qui les attendait s'ils décidaient de suivre Jésus ? Ils n'en savaient probablement pas grand-chose. Pourtant, lorsque Jésus les a appelés, ils l'ont suivi. Marc raconte l'histoire d'une façon qui laisse entendre assez clairement que croire en Jésus implique de le suivre en tant que disciple.

Voici une autre partie de l'enseignement de Jésus retrouvée dans l'Évangile selon Marc au sujet de l'appel à le suivre. À peu près au milieu de cet évangile, l'attention est mise ailleurs, et Jésus commence à marcher en direction de sa crucifixion.

 Lecture biblique : Marc 8.27-34

Jésus s'en alla, avec ses disciples, dans les villages de Césarée de Philippe, et il leur posa en chemin cette question : Qui suis-je au dire des hommes ? Ils répondirent : Jean-Baptiste ; les autres, Élie ; les autres, l'un des prophètes. Et vous, leur demanda-t-il, qui dites-vous que je suis ? Pierre lui répondit : Tu es le Christ. Jésus leur recommanda sévèrement de ne dire cela de lui à personne.

Alors il commença à leur apprendre qu'il fallait que le Fils de l'homme souffre beaucoup, qu'il soit rejeté par les anciens, par les principaux sacrificateurs et par les scribes, qu'il soit mis à mort, et qu'il ressuscite trois jours après. Il

LES BASES

leur disait ces choses ouvertement. Et Pierre, l'ayant pris à part, se mit à le reprendre. Mais Jésus, se retournant et regardant ses disciples, réprimanda Pierre, et dit : Arrière de moi, Satan ! car tu ne conçois pas les choses de Dieu, tu n'as que des pensées humaines.

Puis, ayant appelé la foule avec ses disciples, il leur dit : Si quelqu'un veut venir après moi, qu'il renonce à lui-même, qu'il se charge de sa croix, et qu'il me suive.

« Qu'il se charge de sa croix, et qu'il me suive. » Ce passage commence par une affirmation que Jésus est le Christ, le Messie. C'était une confession incroyable de la bouche d'un Juif, mais Pierre (qui est l'autre prénom de Simon) était tout à fait lucide lorsqu'il l'a déclaré. C'est ainsi que Marc commence son évangile, et Pierre, ainsi que les autres disciples, a compris qui était Jésus. Remarquez bien qu'après la confession de Pierre, Jésus « commença à leur apprendre » quelque chose de nouveau. Il s'est lui-même appelé le « Fils de l'homme, » un titre attribué au Messie, et il a expliqué qu'il devait souffrir de bien des maux d'ici sa mort. Il a ensuite annoncé quelque chose qui s'est avéré totalement déroutant pour les disciples lorsqu'elle s'est accomplie. Il a dit que trois jours après sa mort, il ressusciterait.

De toute évidence, Pierre n'était pas très chaud à l'idée que Jésus meurt, et il a même repris Jésus à ce sujet. C'est alors que Jésus a parlé de ce que cela implique pour ses disciples : « Si quelqu'un veut venir après moi, qu'il renonce à lui-même, qu'il se charge de sa croix, et qu'il *me suive* » (Mc 8.34). L'appel du premier chapitre à suivre Jésus se répète, mais Jésus y ajoute que le disciple doit être prêt à le suivre même jusqu'à la mort (c'est ce que signifie la croix). Personne n'a envie d'entendre une telle chose, mais le message de l'Évangile est très clair : suivre Jésus ne sera pas facile ; des sacrifices devront être faits, allant peut-être même jusqu'à mourir pour Jésus. Jésus explique son idée dans la partie suivante de son enseignement

(8.35-38), que vous lirez plus tard. Il y a encore bien des leçons sur ce que signifie suivre Jésus, mais la réalité de la croix et de notre mort avec lui représente le plus grand défi du disciple de Jésus.

Je vous ferai pêcheur d'homme

Pendant longtemps, cela a été la réponse à la question fondamentale : « Qu'est-ce qu'un disciple de Jésus ? » Or, une autre vérité doit être tirée des premiers versets de l'Évangile selon Marc. Jésus est venu sur Terre avec une mission. Il a été envoyé pour remplir la mission que son Père dans les cieux lui avait donnée : amener le royaume de Dieu sur la terre. Par conséquent, l'appel du disciple est en grande partie un appel à le rejoindre dans cette mission. Jésus a dit aux premiers disciples : « Suivez-moi, et je vous ferai pêcheurs d'hommes » (Mc 1.17). Lorsque nous réalisons qu'il s'adressait à des pêcheurs, nous constatons qu'il les appelle à travailler avec les gens plutôt qu'avec les poissons. Nous sommes appelés à suivre Jésus — à nous repentir et à croire en lui —, mais le suivre, c'est aussi se joindre à lui dans la mission qu'il est venu accomplir. Nous discuterons de cette mission plus en profondeur dans le dernier chapitre de cette étude, mais il est important de voir que Marc insère cette idée au début de son évangile.

Résumé du chapitre 1

Le but de ce chapitre était de vous présenter Jésus et de vous faire connaître son appel à devenir son disciple ainsi qu'à le suivre. Pour ce faire, nous avons étudié l'introduction de l'Évangile selon Marc.

Qui est Jésus ?
- Il est le Christ, le Messie, aussi appelé le Fils de l'homme.
- Il est le Fils de Dieu.

- Il a été baptisé d'eau, puis du Saint-Esprit qui est descendu du ciel.
- Il est venu lutter contre Satan et ses démons.
- Il a prêché l'Évangile — la bonne nouvelle que le royaume de Dieu est proche.

Qu'est-ce qu'un disciple de Jésus ?
- Celui qui a entendu l'appel de Jésus et qui y répond :
  ○ En se repentant.
  ○ En croyant à l'Évangile.
  ○ En suivant Jésus.

Vos devoirs

1. **Lire l'Évangile de Marc.** Votre premier devoir dans le cadre de cette étude sur la marche chrétienne est de commencer à lire la Bible. Si possible, réservez un moment pour lire l'Évangile de Marc d'un bout à l'autre, ou en quelques jours seulement. Essayez de le lire rapidement pour avoir un bon aperçu de toute l'histoire.

2. **Lisez Marc 1 à 3.** Recommencez ensuite votre lecture en portant une attention particulière sur les chapitres 1 à 3 et les premières semaines que Jésus a passées avec ses disciples. Assurez-vous de lire l'Évangile de Marc au complet pour une deuxième fois d'ici la fin du troisième chapitre de *Le parcours du disciple*. Pendant votre lecture, rappelez-vous que : *c'est vous. Vous êtes celui qui voit Jésus guérir un lépreux ou chasser des démons. Vous le voyez prier, enseigner et annoncer le pardon des péchés.* Demandez-vous ensuite *ce que vous allez faire avec tout ceci* et *ce que cela représente de suivre un tel Maître.*

3. **Commencez à rédiger votre journal.** Écrivez dans un cahier ou tapez à l'ordinateur les pensées et les questions qui surgissent lors de vos lectures. Vous pouvez les garder simplement pour vous. Ce pourrait également être une très bonne idée d'en faire part à votre conseiller ou à votre groupe d'étude.

CHAPITRE 2

Dois-je aller à l'église ?

THEY LIKE JESUS but Not the Church[1] [Ils aiment Jésus, mais pas l'Église] est le titre d'un livre récemment publié au sujet de gens, partout à travers le monde, qui sont attirés par Jésus, mais repoussés par les diverses expressions de son Église. Ainsi, une question surgit tout naturellement : « Si je deviens un disciple de Jésus, dois-je aller à l'église ? » La réponse courte à cette question est *OUI* !

Évidemment, cette réponse nécessite des explications. Lorsque je dis « aller à l'église », c'est simplement pour attirer votre attention. L'Église demande plus qu'une simple présence à un service religieux quelque part. Je suis persuadé que la plupart de ceux qui lisent ceci n'ont pas eu de bonnes expériences au sein de l'Église. Le titre du livre mentionné plus haut l'exprime très bien. Peut-être avez-vous considéré d'être un disciple de Jésus sans vous joindre à l'Église. C'est impossible, et c'est une question tellement importante que c'est la première chose dont je veux vous parler après vous avoir exposé l'idée générale de la marche chrétienne.

---

1. Dan Kimball, *They Like Jesus but Not the Church* [Ils aiment Jésus, mais pas l'Église], Grand Rapids, Zondervan, 2007.

LES BASES

QU'EST-CE QUE L'ÉGLISE ?

Réfléchissez-y bien : si vous lisez ce livre, c'est probablement parce que vous êtes entré en contact avec l'Église de Jésus. Tout comme Tite, vous avez peut-être rencontré des croyants sur le chemin de la foi. Vous faites peut-être cette étude dans une classe ou avec un petit groupe. J'ai demandé à plusieurs personnes de me raconter comment ils étaient devenus des disciples de Jésus, et beaucoup ont répondu qu'ils l'étaient devenus après avoir été en contact avec d'autres personnes qui suivent Jésus. Être un disciple de Jésus dépend de notre réponse à l'appel de Jésus, mais nous sommes également appelés à nous joindre à une communauté de disciples. Voilà l'Église que Jésus est venu bâtir.

Dans la première leçon sur la marche chrétienne, vous avez lu la confession de Pierre « Tu es le Christ » (Mc 8.29) de l'Évangile selon Marc. Lorsque Matthieu rapporte ce même événement, il cite la réponse de Jésus de façon plus complète. (*Matthieu* est l'autre prénom de *Lévi*, le collecteur d'impôts que Jésus a appelé comme disciple.)

 Lecture biblique : Matthieu 16.13-28

(Rappelez-vous qu'à partir de maintenant je tiens pour acquis que vous possédez votre propre exemplaire de la Bible. Arrêtez-vous donc ici pour lire le passage dans l'Évangile selon Matthieu, qui est le livre qui précède celui de Marc. Vous l'avez probablement déjà compris, mais le premier nombre est le numéro du chapitre, et le second est le verset à l'intérieur de ce chapitre. Toute la Bible est divisée en chapitres et en versets pour faciliter les recherches, mais ces séparations ne sont pas présentes dans l'original. Ainsi, ne soyez pas surpris lorsqu'une idée se poursuit dans le prochain verset ou même dans le prochain chapitre.)

À la suite de la confession de Pierre, Jésus lui a dit : « Et moi, je te dis que tu es Pierre, et que sur ce roc je bâtirai mon Église, et que les portes du séjour des morts ne prévaudront point contre elle » (Mt 16.18). Le terme *Église* signifie « rassemblement ou assemblée ». Le peuple d'Israël avait été l'Église de Dieu, ce terme n'était donc pas nouveau. À présent, Jésus annonçait qu'il allait construire *son* Église. Ça, c'était nouveau. Il la bâtirait sur Pierre le roc (généralement compris comme étant Pierre ainsi que les autres apôtres alors qu'ils confessaient que Jésus était le Messie et le Fils de Dieu). Plus loin, vous lirez au sujet de l'Église qui est construite sur le fondement des apôtres et des prophètes, et c'est Jésus qui la construit. Même les « portes du séjour des morts » (une autre façon de parler de l'*enfer*) n'empêcheront pas la croissance de l'Église de Jésus.

 Pour en savoir plus

Apôtres ou disciples ?

Vous devriez maintenant avoir lu le chapitre 3 de l'Évangile selon Marc ainsi que la désignation des douze apôtres (3.13-19). Ces apôtres allaient devenir les dirigeants de l'Église après l'ascension de Jésus. Le mot *apôtre* signifie « l'envoyé », ou « envoyé en mission ». Jésus a choisi les apôtres parmi ses *disciples*. L'appel unique des apôtres était de fonder l'Église et d'écrire le Nouveau Testament, la deuxième partie de la Bible. Pourtant, c'est en tant que *disciples* qu'ont continué d'être identifiés jusqu'à aujourd'hui ceux qui suivaient Jésus.

LES BASES

LES CHRÉTIENS SONT-ILS TOUS DES DISCIPLES ?

Vous avez peut-être remarqué que je n'ai pas encore utilisé le terme *chrétien* pour parler des disciples. Malheureusement, ce mot a perdu sa signification d'origine et chacun lui donne le sens qu'il veut. Dans la perspective de la majorité, même de ceux qui font partie de l'Église, il y a une différence entre un chrétien et un disciple. Vous le pensez peut-être vous-même. Peut-on être chrétien sans être un disciple de Jésus ? Croyez-vous que suivre Jésus est un genre d'engagement de niveau supérieur pour le chrétien ?

Jésus et les écrivains du Nouveau Testament ne font aucune distinction entre un disciple et un chrétien. Le terme *disciple* est utilisé plus de 200 fois dans les quatre évangiles. Le terme *chrétien* signifie « qui appartient à Christ » et a été utilisé pour la première fois pour décrire les membres de l'Église d'Antioche (dont fait partie la Syrie moderne). Dans le Nouveau Testament, le livre des Actes, qui raconte l'histoire des toutes premières années de l'Église de Jésus, déclare ceci : « Ce fut à Antioche que, pour la première fois, les disciples furent appelés chrétiens » (Ac 11.26).

Par conséquent, je continuerai d'utiliser le terme *disciple*, qui n'est pas différent du terme *chrétien* lorsqu'il est bien compris. Ainsi, une Église chrétienne doit être perçue comme un rassemblement de disciples de Jésus. Cette communauté apparaît sous diverses formes ; il y a toutes sortes de grosseurs et de « marques » d'Églises, mais au cœur de chacune d'elle doit se trouver l'engagement à suivre Jésus. Voilà pourquoi rien ne va plus dans une Église qui perd cet appel fondamental à être une communauté de disciples de Jésus. Les Églises deviennent des institutions qui ne cherchent qu'à préserver leur propre organisation et leurs propres traditions, portant ainsi toute l'attention vers l'Église elle-même plutôt que sur Jésus.

J'ai commencé ce chapitre en disant qu'un chrétien doit aller à l'église. C'est parce qu'il faut faire partie d'une communauté de disciples pour apprendre à suivre Jésus tous ensemble. Ce ne sera pas une Église parfaite, car elle sera formée de disciples qui ont des luttes, comme vous et moi.

COMMENT L'ÉGLISE VOUS AIDE-T-ELLE À GRANDIR EN TANT QUE DISCIPLE ?

Vous vous demandez peut-être, « Comment savoir *laquelle* choisir ? » À partir d'une poignée de disciples, l'Église de Jésus est devenue le plus grand regroupement religieux au monde. De nos jours, on retrouve un éventail d'Églises différentes à peu près partout dans le monde, et vous avez peut-être été déçu à maintes reprises en cherchant la bonne pour vous. Vous trouverez ici-bas quatre choses qu'une Église saine permet pour vous aider dans votre marche chrétienne. Demandez à Dieu de vous diriger vers une communauté de disciples qui offre toutes ces choses.

L'Église est l'endroit où vous confessez publiquement votre foi

Pensez à notre ami Tite. Il s'est senti tout de suite le bienvenu au sein de l'Église alors que les disciples étudiaient Marc, chantaient et priaient. Il a également réalisé qu'il allait y avoir un moment où il déclarerait publiquement être lui-même un disciple de Jésus. Lorsqu'il sera prêt à le faire, il le fera en passant par les eaux de la cérémonie du *baptême*. Comme nous l'avons vu dans l'Évangile selon Marc, le baptême venait de Jean Baptiste (le rituel était probablement apparu avant lui), mais Jésus a donné au baptême un rôle distinctif. Il est alors devenu le moyen par lequel les gens déclarent être des disciples et déclarent faire maintenant partie d'une communauté de disciples. Après sa résurrection, Jésus a confié une mission à ses disciples : « Allez, faites de toutes les nations des disciples ». La première étape dans l'accomplissement de cette mission était celle-ci : « les baptisant au nom du Père, du Fils et du Saint-Esprit » (Mt 28.16-20).

Dans l'histoire de l'Église de Jésus, l'un des ministères les plus importants pour les nouveaux disciples était de les préparer pour le baptême. Cette étape a été traversée de plusieurs façons différentes, mais elle comprenait généralement l'enseignement des bases de la foi et donnait l'occasion de proclamer notre choix de vive voix lors de la cérémonie du baptême. La cérémonie elle-même a été célébrée de plusieurs manières (verser de l'eau sur la personne ou l'en asperger, immerger la personne dans l'eau, etc.), et, malheureusement, cela a été une source de division au sein de l'Église. Toutefois, le baptême donne l'occasion à l'Église de se réjouir avec le nouveau disciple et de s'engager à aider cette personne à rester sur le bon chemin dans sa marche chrétienne.

 Pour en savoir plus

Le credo des apôtres

Une forme de confession connue sous le nom du credo des apôtres a été progressivement standardisée au sein de l'Église primitive. À une époque où peu de gens savaient lire et où les livres, tels que la Bible, coûtaient cher et étaient difficiles à trouver, ce credo a aidé les premiers chrétiens à se rappeler de la base de leur foi en Jésus et à la défendre. Ce credo fait aujourd'hui partie de la confession de toutes les branches de l'Église chrétienne (c'est pourquoi *catholique* se trouve dans le credo), mais, au départ, il était la confession personnelle d'une personne avant son baptême. Vous trouverez ci-après une version du credo très répandue que vous pouvez étudier et mémoriser.

Je crois en Dieu, le Père tout-puissant,
  Créateur du ciel et de la terre.

Je crois en Jésus-Christ, son Fils unique, notre Seigneur,
  qui a été conçu du Saint-Esprit,
  est né de la Vierge Marie ;
  a souffert sous Ponce Pilate,
  a été crucifié, est mort, a été enseveli,
  est descendu aux enfers[2] ;
  le troisième jour, est ressuscité des morts,
  est monté aux cieux,
  est assis à la droite de Dieu, le Père tout-puissant,
  d'où il viendra juger les vivants et les morts.

Je crois en l'Esprit Saint
  à la sainte Église catholique,
  à la communion des saints,
  à la rémission des péchés,
  à la résurrection de la chair
  et à la vie éternelle. Amen.

L'Église est l'endroit où vous obtenez de la nourriture et du soutien spirituels

Une fois qu'une personne a confessé publiquement être un disciple de Jésus en passant par les eaux du baptême, elle peut se joindre au reste de l'assemblée en participant au repas spécial que Jésus a institué dans son Église. Ce repas est souvent appelé le *repas du Seigneur* ou *communion*. Juste avant sa crucifixion,

---

2. L'« enfer » dans le crédo est généralement connu comme l'endroit où vont tous les morts, ceux dont « la vie a quitté le corps et qui sont réellement, vraiment et complètement morts, comme il sera inévitablement le cas pour nous aussi. » J. I. Packer, *Affirming the Apostles' Creed* [Affirmer le crédo des apôtres], Wheaton, Il, Crossway Books, 2008, p. 20.

Jésus a instauré ce repas cérémoniel qui représente notamment le cheminement spirituel de son Église.

 Lecture biblique : Marc 14.22-26

Chaque aspect de la communion mérite d'être approfondi pour discuter de la vie d'Église avec ses différents ministères, que ce soit de louange, d'enseignement et de service. C'est notre relation avec Jésus qui nous soutient (laquelle est imagée par le pain que nous mangeons et le vin que nous buvons) ; nous le faisons ensemble (le mot *communion* a la même racine que le mot *communauté*) ; et nous répéterons ce repas tant et aussi longtemps que nous serons sur la terre, parce que notre besoin d'être en relation avec Jésus ainsi que les uns avec les autres ne fait que grandir en même temps que nous grandissons en tant que disciples.

On pourrait certainement en dire beaucoup plus au sujet de l'Église en tant qu'endroit où nous grandissons spirituellement. À certains endroits, alors que nous nous rapprochons de Christ de façon personnelle et collective[3], notre croissance est appelée « formation spirituelle ». Pour l'instant, je crois qu'il suffit à un nouveau disciple ou un disciple renouvelé de savoir que sans l'Église, nous lutterions davantage avec notre désir de suivre Jésus. Dans un contexte comme celui de Tite, le baptême était un tournant dans la vie du nouveau disciple, indiquant qu'il faisait maintenant partie de l'Église, ce qui veut dire qu'il se soumettait à la direction et à la discipline de la communauté pour avancer en tant que disciple de Jésus.

---

3. L'annexe 1 contient plusieurs suggestions de livres et de ressources pour vous aider dans votre formation spirituelle.

DOIS-JE ALLER À L'ÉGLISE ?

 Temps de réflexion

Qu'est-ce que la soumission changerait dans votre situation ? Avez-vous rejoint une Église, non seulement en tant que membre, mais aussi en vous engageant sérieusement à poursuivre votre marche avec la communauté ?

L'Église est la base de départ pour servir Jésus en aimant votre prochain

N'oubliez pas qu'un des éléments fondamentaux de la marche chrétienne est de servir les autres et de refléter la compassion de Jésus envers ceux qui sont dans le besoin. Nous sommes appelés à propager la bonne nouvelle qu'il a proclamée et la lumière qui est entrée dans notre vie à cause de Jésus. Voilà ce qui nous ramène au premier appel de Jésus : « Suivez-moi, et je vous ferai pêcheurs d'hommes » (Mc 1.17). Remarquez bien que Jésus a dit qu'il *nous fera* pêcheurs d'hommes. Ainsi, Jésus a une part de travail à faire. Nous sommes des êtres égoïstes et centrés sur nous-mêmes. Où pouvons-nous trouver de l'aide lorsque nous sommes au service des autres ? C'est au sein de l'Église, parmi la communauté de disciples. C'est là que des occasions de service s'offrent à nous, c'est aussi là que nous formons des équipes pour travailler plus efficacement. Personne ne se sent à la hauteur du travail de pêcheur d'homme. C'est lorsque toute la communauté tend les bras que nous pouvons faire une véritable différence. Voilà la raison pour laquelle je considère l'Église comme étant la base de départ pour aimer notre prochain.

N'attendez pas de confesser publiquement votre foi pour aimer vos voisins. Plusieurs exemples de personnes qui ont été attirées à Jésus en participant à des projets d'amour et d'entraide initiés par des Églises me viennent en tête. Un ami est allé rénover une garderie dans un quartier défavorisé avec un groupe de l'Église. Il a été touché que les membres du groupe sacrifient un samedi en entier pour venir en aide aux autres, chose qu'il ne songeait habituellement jamais à faire par pur égoïsme. Au-delà de ce fait, il a découvert un amour profond et un engagement dans la vie de ces personnes qu'il n'avait pas. Il a donné sa vie à Jésus seulement quelques années plus tard, mais le cheminement qui l'a mené à devenir un disciple de Jésus a commencé en passant un samedi dans une garderie[4].

L'Église est l'endroit où élever votre famille en Christ

Le fait de nous repentir, de croire en l'Évangile et de décider de suivre Jésus a un impact sur tous les autres aspects de notre vie, sur la façon dont nous traitons les autres, sur la façon dont nous gérons nos affaires et sur la façon dont nous menons notre vie au quotidien[5]. L'un des domaines les plus importants de notre vie dans lesquels cette vérité se manifeste est celui de notre famille. Si vous êtes un disciple de Jésus, vous voudrez avoir à vos côtés un mari ou une femme qui suit Jésus avec vous. Si Dieu vous donne des enfants, vous voudrez qu'ils se joignent à la même marche que vous pour que vous puissiez suivre Jésus en famille. Prenez un moment pour lire à quel point le mariage et les enfants sont importants pour Jésus.

 Lecture biblique : Marc 10.1-16

D'autres passages bibliques enseignent que le divorce est permis dans des situations extrêmes. Jésus sait à quel point notre cœur peut être dur, et il est venu réparer le désordre que nous semons

---

4. C'est l'histoire de Bill que je raconte dans le chapitre 5 de mon livre *Spiritual Birthline : Understanding How We Experience the New Birth* [La ligne du temps spirituelle : comprendre notre expérience de la nouvelle naissance], Wheaton, IL, Crossway Books, 2006.

5. Le chapitre 11, « L'Évangile change tout », renferme une explication plus complète à ce sujet.

dans notre vie. Cependant, ces versets expriment clairement qu'il soutient le dessein initial du mariage (« Que l'homme donc ne sépare pas ce que Dieu a joint » v. 9). Il est tout aussi clair qu'il aime d'un amour spécial les enfants qui sont amenés devant lui pour recevoir sa bénédiction (« le royaume de Dieu est pour ceux qui leur ressemblent » v. 14). Si vous êtes un disciple marié ou qui désire se marier, Jésus vous dit, ainsi qu'à *votre famille* (la Bible fait souvent référence à la famille comme étant la « maison[6] ») : « Suis-moi ».

C'est au sein de l'Église que nous recevons l'aide et les encouragements nécessaires pour élever notre famille en restant centrés sur Christ. Dès le premier jour de son existence, l'Église a invité les gens à amener leurs enfants avec eux (Ac 2.38-41). En réalité, pendant la majeure partie de son histoire, l'Église a baptisé les enfants des croyants afin de symboliser cette vérité (bien que ce ne soit pas toutes les Églises qui approuvent cette pratique). C'est également au sein de l'Église que les personnes célibataires auront l'occasion d'aimer les enfants et de les aider dans leur propre marche chrétienne, et que les parents célibataires seront soutenus dans leurs difficultés.

CE SONT DE BELLES PAROLES, MAIS QU'EN EST-IL EN RÉALITÉ ?

J'ai délibérément dressé le portrait de ce que l'Église de Jésus *devrait être*. La plupart d'entre vous savent très bien qu'aucune de nos Églises ne le respecte entièrement. Toutefois, avant d'oublier ce chapitre et de chercher une solution de rechange à l'Église, il faut que vous sachiez qu'il y a vraiment beaucoup d'exemples d'Églises merveilleuses qui cherchent passionnément à honorer Christ et à le refléter dans tout ce qu'elles font, des Églises où vous apprendrez à

---

6. L'une des plus grandes affirmations au sujet de la famille nous vient de Josué, le successeur de Moïse : « Moi et ma maison, nous servirons l'Éternel » (Jos 24.15).

suivre Jésus et à grandir dans la connaissance et le service. Encore une fois, évidemment, vous ne trouverez jamais l'Église parfaite. On entend souvent pour plaisanter que si vous trouviez l'Église parfaite, elle ne voudrait pas de vous — car elle ne serait plus parfaite !

J'imagine que vous lisez ce livre sur la marche chrétienne pour la simple raison qu'une personne vous l'a offert ou vous a invité à vous joindre à un groupe d'étude. Ainsi, vous êtes déjà entrés en contact avec une communauté de disciples, qui est l'essence de l'Église de Jésus. Faites le tour de ce groupe et apprenez à connaître les personnes qui en font partie. Le but est que vous grandissiez *ensemble* en tant que disciples de Jésus. Vous avez besoin d'eux et ils ont besoin de vous aussi, même si vous vous demandez encore si vous êtes un disciple ou non. Partagez vos luttes avec les autres. Posez vos questions. Voyez si vous ne rencontrez pas Jésus au travers les gens qui vous entourent.

Résumé du chapitre 2

J'ai demandé si vous deviez « aller à l'église » pour être un disciple, et la réponse est *OUI* !

J'ai ensuite demandé, « Qu'est-ce que l'Église ? »
- C'est la communauté de disciples que Jésus a promis de bâtir.
- Elle est bâti sur le fondement des apôtres.
- C'est après que les disciples aient été vus en train de vivre ensemble au sein d'une Église qu'ils ont reçu pour la première fois le nom de *chrétiens*.

Comment l'Église vous aide-t-elle à grandir en tant que disciple ?
- C'est l'endroit où vous confessez publiquement votre foi (par le baptême).

DOIS-JE ALLER À L'ÉGLISE ?

- C'est l'endroit où vous obtenez de la nourriture et du soutien spirituels (par la communion).
- C'est la base de départ pour servir votre prochain au nom de Jésus.
- C'est l'endroit où élever une famille chrétienne.

Vos devoirs

1. **Continuez à lire l'Évangile selon Marc.** Avant de terminer la première partie de cette étude (« Les bases »), essayez de lire Marc au complet au moins deux fois. Ce livre vous présente Jésus et son œuvre. Comme Marc le dit, c'est l'Évangile, alors, essayez de vous familiariser avec sa présentation de l'Évangile même si vous lisez d'autres livres de la Bible en même temps.

2. **Continuez d'écrire dans votre journal.** Avez-vous pris l'habitude d'écrire vos réflexions pendant que vous lisez et méditez ? Vous pouvez le faire dans le même carnet de notes que celui que vous utilisez pendant vos études de groupe si vous faites l'étude avec d'autres personnes. Bientôt, il sera intéressant de retourner en arrière dans ce carnet afin de voir à quel point votre compréhension s'élargit.

3. **Écrivez au sujet de l'Église.** Utilisez votre journal pour écrire vos réflexions au sujet de l'Église et de ce qu'elle devrait être. Écrivez également vos propres expériences antérieures avec l'Église. Si vous n'avez pas d'Église, ou que votre Église ne vous fait pas regarder à Jésus, commencez à prier pour trouver une Église où vous vous sentirez chez vous.

CHAPITRE 3

Apprendre à lire la Bible et à prier

NE SERAIT-CE PAS MERVEILLEUX d'apprendre à être un disciple en marchant aux côtés de Jésus, tout comme l'ont fait les premiers disciples ? Nous pourrions l'entendre parler, le voir à l'œuvre et lui parler à n'importe quel moment. D'un côté, il est vrai que nous n'expérimentons pas la même chose que les premiers disciples, mais de l'autre, nous pouvons entendre les paroles de Jésus, le voir à l'œuvre et lui parler à n'importe quel moment, parce que nous avons la Bible et la prière.

Dans cette troisième leçon sur les bases de la vie chrétienne, je veux que vous réfléchissiez à ces deux « outils ». Je crois que l'Église et la communauté de disciples, sujet que nous avons abordé dans le deuxième chapitre, sont essentielles pour être un disciple de Jésus. Toutefois, apprendre à lire la Bible et à prier est tout aussi important. En réalité, si l'Église répond à son appel, elle enseignera aux gens à lire la Bible et à prier.

LES BASES

LA BIBLE

Je n'aime pas lire. Je ne me rappelle pas la dernière fois que j'ai lu un livre. À notre époque, avec les ordinateurs et les jeux vidéo, les gens ont perdu l'habitude de lire et de réfléchir à ce qu'ils lisent. Voilà le genre d'excuses que nous entendons régulièrement, et ce sont peut-être aussi les vôtres. Cependant, si vous voulez sérieusement devenir un disciple de Jésus, vous avez besoin de dépoussiérer certains livres, en particulier la Bible. Si vous lisez ceci, c'est parce que vous *pouvez* lire. La prochaine étape est de *vouloir* lire. Si cette étape demande un changement de votre part, priez et demandez à Dieu de créer en vous un nouveau désir ainsi qu'une nouvelle *discipline* (ce mot ne ressemble-t-il pas à *disciple* ? Ils ont la même racine) pour lire.

N'oubliez pas qu'il y a beaucoup de personnes dans le monde qui ne savent pas lire. On peut « lire la Bible » en écoutant attentivement une autre personne qui lit à voix haute. Par exemple, l'un des moyens les plus efficaces de propager la bonne nouvelle de Jésus a été le film *Jésus*, qui est l'Évangile selon Luc, lu et adapté pour le cinéma[1]. Évidemment, il est possible de devenir un disciple de Jésus même en ne sachant pas lire, mais il est nécessaire d'entendre l'Évangile d'une façon ou d'une autre. Si vous pouvez lire, ne tenez pas ce précieux cadeau pour acquis.

Explorez le livre

La Bible est souvent considérée comme un seul livre, mais il est plus juste de la voir comme une bibliothèque ou une collection de livres. La Bible renferme 66 livres divisés en deux parties. L'Ancien Testament compte 39 livres, et le Nouveau Testament en compte 27. Cette division entre les deux Testaments ne sert qu'à séparer les livres écrits *avant* la venue de Jésus de ceux écrits *après*

---

1. Découvrez-en davantage sur le film *Jésus* au www.jesusfilm.org (en anglais seulement).

sa venue. L'Ancien Testament raconte l'histoire du peuple d'Israël (les Juifs), et le Nouveau Testament nous présente Jésus ainsi que les premières années de ministère de ses disciples qui sont allés répandre l'Évangile dans le monde.

Prenez le temps d'explorer ce livre remarquable. Jetez un œil sur la table des matières, et constatez que les 39 livres de l'Ancien Testament forment la majeure partie de la Bible. Repérez là où se termine Malachie (le dernier livre de l'Ancien Testament) et où commence Matthieu (le premier livre du Nouveau Testament). Vous verrez ainsi que l'Ancien Testament rempli le 4/5 de la Bible. Le plus long livre de la Bible est celui des Psaumes, qui se trouve en plein milieu de la Bible. C'est le seul livre qui a été originellement composé par chapitres.

 Pour en savoir plus

Est-ce qu'il y a des personnes qui ne savent pas tout ça déjà ?

Si vous avez grandi dans une Église, vous êtes probablement impatients envers moi, trouvant peut-être que je pousse le thème des « nuls » un peu trop loin. Croyez-moi, il y a plusieurs lecteurs (même de ceux qui ont grandi dans une Église) qui disent : « Merci ; j'avais besoin de commencer à partir du début. » Je me base sur ma propre expérience. J'ai grandi dans une famille américaine instruite, mais l'introduction élémentaire que j'ai reçue sur la Bible était quand même tout à fait nouvelle pour moi. N'ayez pas honte d'être un débutant et ne laissez surtout pas cette honte vous empêcher de devenir un *étudiant*. Voilà l'ingrédient clé de la vie d'un disciple. Nous devons tous commencer quelque part.

Vous pourriez consacrer toute votre vie à l'étude de la Bible, et il y aurait encore des choses qui vous échapperaient. Vous pouvez quand même commencer, et c'est pourquoi nous avons choisi un livre pour le faire, celui de Marc. Petit à petit, votre compréhension de la Bible dans son ensemble s'élargira, et le meilleur moyen pour ce faire est de concentrer toute votre attention sur une petite partie de la Bible à la fois. C'est une autre des raisons pour lesquelles vous avez besoin d'être dans une Église qui est centrée sur Jésus et qui vous enseigne la Bible.

La grande histoire

Bien que la Bible soit un ensemble de 66 livres, elle est également un seul livre qui raconte une seule histoire à travers plusieurs petites histoires. La grande histoire parle de la relation de Dieu avec l'homme en quatre parties distinctes :

- *La création*, qui est tout ce que Dieu a fait, incluant l'homme et la femme, et qu'il a qualifié de « très bon » (Ge 1.31). La Bible commence ainsi : « Au commencement, Dieu créa… » (1.1.) Dieu existait déjà, mais tout le reste a commencé à un moment donné.

- *La chute*, lorsque l'humanité a péché et a ainsi attiré une malédiction sur toute la terre. L'homme et la femme ont été séparés de Dieu, et également l'un de l'autre. L'histoire d'Adam et Ève qui ont mangé le fruit n'est pas insignifiante, ils ont fait le choix de défier le commandement que Dieu leur avait donné et d'écouter leurs propres désirs (Ge 3). C'est là l'essence de tout péché.

- *La rédemption*, qui enseigne que Dieu nous délivre de la malédiction afin de rétablir la paix dans sa création. Sa promesse de rédemption est apparue dans Genèse 3 avec le sacrifice d'animaux pour habiller Adam et Ève et la promesse d'écraser la tête du serpent (Ge 3.15). Par les prophètes, il a promis d'envoyer un Roi qui régnera avec justice. En son temps, il a envoyé son propre Fils sur la terre en tant que Rédempteur, afin d'accomplir la promesse par sa mort et sa résurrection.

- *L'état final*, lorsque Dieu redonnera à sa création, dont l'humanité fait partie, sa gloire originelle. Cette gloire est trouvée en Christ, mais elle sera totale lors de son retour sur la terre.

Lorsque j'explique la grande histoire de la Bible, j'ai l'habitude de dessiner une série de lignes qui se rejoignent en un même point. La première partie ressemble à une pyramide sans toit. C'est l'Ancien Testament. On y retrouve des récits fascinants sur des individus, des sacrificateurs et des sacrifices, des alliances, des aventures dans le désert et j'en passe, mais l'histoire n'est jamais complète. L'Ancien Testament termine avec le prophète Malachie qui dit aux gens d'attendre jusqu'au jour où « se lèvera le soleil de la justice, et la guérison sera sous ses ailes », et d'écouter la voix d'« Élie, le prophète », qui les appelle à changer leur conduite (se repentir) avant le jour du jugement (Malachie 4, le dernier chapitre de l'Ancien Testament).

Figure 1. La pyramide biblique

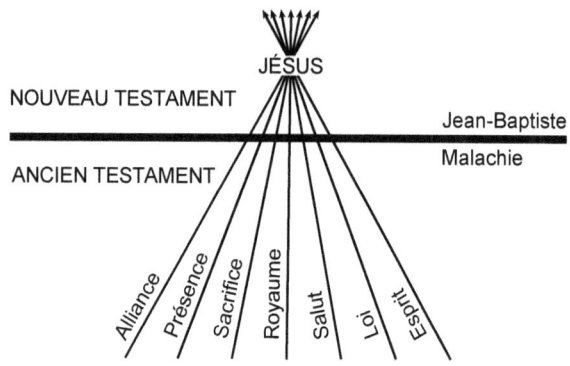

Le Nouveau Testament est au sommet de la pyramide. C'est l'endroit où toutes les lignes de l'Ancien Testament se rejoignent et sont accomplies par la venue et le ministère de Jésus. Vous avez déjà commencé à assister à cette cohésion dans votre lecture du livre de Marc. Marc commence là où Malachie s'est arrêté, avec la « voix » qui appelle dans le désert, « Préparez le chemin du Seigneur » (Mc 1.1-8). Plus tard, Jésus a expliqué que Jean Baptiste était cet Élie qui avait été annoncé dans Malachie (Mt 11.11-15). Lorsque Jésus a commencé son ministère public, il a annoncé après avoir été baptisé : « Le temps est accompli » (Mc 1.15) — en d'autres mots, l'arrivée du royaume de Dieu est l'accomplissement de toutes les promesses de l'Ancien Testament. L'attente est terminée. Voilà vraiment une *bonne nouvelle*[2] !

Bien sûr, c'est beaucoup plus complexe que ce que je viens de décrire. Cependant, si vous gardez la grande histoire en tête alors que vous lisez la Bible, les petites histoires auront de plus en plus

---

2. Un livre récemment publié donne un aperçu de toute l'histoire biblique avec un chapitre sur la résurrection. C'est juste — la « grande histoire » prend tout son sens à la lumière du triomphe de Jésus sur le péché et la mort. Michael D. Williams, *Far as the Curse Is Found* [Jusque dans les profondeurs de la malédiction], Phillipsburg, NJ, P&R Publishing, 2005.

de sens. Comme devoir, je vais vous demander d'explorer cette grande histoire en lisant les premiers chapitres de la Bible ainsi que les derniers. Vous y verrez les quatre thèmes principaux de la grande histoire — la création, la chute, la rédemption et l'état final — du commencement jusqu'à l'accomplissement final. Dans cette lecture, la première création prépare l'arrivée de la nouvelle création, la malédiction de la première est enlevée, et l'humanité peut à nouveau manger le fruit de l'arbre de vie.

L'autorité de la Bible — la Parole de Dieu

Les disciples de Jésus ont toujours accordé un grand respect à l'autorité de l'Écriture (un autre terme pour la Bible). Ceux qui suivent Jésus appellent la Sainte Bible « La Parole de Dieu », car ils croient que Dieu a parlé d'une manière unique au travers des différents auteurs qu'il a inspirés pour écrire la Bible.

Bien sûr, les sceptiques hésiteront à le croire. Ce scepticisme est récemment devenu bien visible au travers du livre et du film intitulé le *Da Vinci Code*, ainsi que par la publicité de la sortie d'un livre ancien intitulé *L'Évangile selon Judas*. Ce genre de provocation n'est pas nouveau. Il sera même vite oublié dès que la prochaine tentative pour discréditer la Bible aura fait quelques progrès. Malgré tout, la Bible l'emportera.

Vous avez peut-être aussi des questions au sujet du caractère exceptionnel et de l'inspiration divine de la Bible. Sentez-vous libres de chercher les réponses à ces questions. L'approche la plus constructive pour le faire sera de commencer par demander de l'aide à des personnes qui respectent aussi la Bible (une autre bonne raison d'aller à l'Église). Je vous suggère quelques lectures dans la section « Lectures et ressources additionnelles » (Annexe 1) à la fin du livre. Le moyen de plus efficace de trouver les réponses à nos questions concernant la Bible restera toujours de la lire. C'est un livre qui n'a pas son pareil, vous devez découvrir cette vérité par vous-mêmes.

Les disciples de Jésus ont reçu la Bible en tant que Parole de Dieu principalement pour une raison : c'est que Jésus l'a fait. Nous avons besoin de voir la Bible comme Jésus la voit. Laissez-moi vous donner seulement deux exemples qui appuient cette façon de penser.

 Lecture biblique : Marc 12.35-37

Ces versets rapportent le débat entre Jésus et les dirigeants religieux de l'époque juste avant qu'il soit crucifié. Dans cet exemple, Jésus leur demande comment le Messie pourrait être un descendant de David alors que David l'appelle son « Seigneur » dans le Psaume 110. Il est intéressant de voir comment Jésus introduit cette citation de la Bible au verset 36 : « David lui-même, *animé par l'Esprit Saint*, a dit… » Ainsi, Jésus déclarait qu'en citant la Bible, même si elle avait été écrite par des auteurs humains comme David, il citait le Saint-Esprit, donc que c'était littéralement la parole de Dieu.

Comme deuxième exemple, lisez le passage où Jésus a été tenté après son baptême. Marc ne fait que le mentionner (1.12,13), mais dans leurs évangiles, Matthieu (Mt 4.1-11) et Luc (Lu 4.1-13) donnent beaucoup plus de détails.

 Lecture biblique : Luc 4.1-13

Dans ce passage, Satan tente Jésus à trois reprises, et à trois reprises Jésus lui répond en citant un passage de la Bible (« il est écrit » ; « il est dit »). Gardez en tête la grande histoire. Jésus se retrouve dans la même position qu'Adam et Ève lorsqu'ils ont affronté Satan dans le jardin d'Éden — il est tenté de satisfaire sa faim en désobéissant à ce que Dieu a prescrit (Ge 3.1-5). Bien que le premier Adam (et Ève) ait préféré la promesse de Satan à celle de Dieu, Jésus, le second Adam (c'est ainsi qu'il est appelé plus loin dans le Nouveau Testament), a obéi à la parole de Dieu et a vaincu Satan. Voilà l'Évangile — Jésus fait pour nous ce que nous n'avons pas été capables de faire nous-mêmes. Il est intéressant de constater qu'après avoir tenté Jésus, Satan lui-même a cité la Bible (Lu 4.10,11). C'est un rappel puissant que la Bible peut être utilisée pour prouver presque tout ce que nous voulons. C'est également un rappel qu'un aspect important de notre marche chrétienne est d'apprendre à interpréter la Bible avec sagesse.

Questions pratiques

La Bible est un document ancien. Moïse en a été le premier auteur, possiblement dans les alentours de 1400 av. J.-C. La Bible a été achevée avant la fin du Ier siècle apr. J.-C. La majeure partie de l'Ancien Testament a été écrite en hébreu, et le Nouveau Testament a été écrit en grec, ce qui veut dire que la Bible que nous lisons est une copie et une traduction des écrits d'origine. L'histoire qui raconte comment la Bible a été préservée, copiée et traduite avec soin est tout à fait remarquable. Toutefois, ne soyez pas surpris d'entendre de temps à autre un érudit se questionner à savoir quelle copie ou quel manuscrit est plus fiable que les autres[3]. Les chicanes que cela occasionne ne servent qu'à nous rappeler que la version originale de la Bible a été inspirée de Dieu, et que les traductions que nous lisons sont fiables, mais imparfaites.

Je le répète : le meilleur moyen de trouver les réponses à vos questions au sujet de la Bible est de la lire, tout simplement. Prenez l'habitude de lire régulièrement la Bible de façon personnelle ainsi que de participer à des groupes d'études.

---

3. Vous êtes déjà tombé sur ce genre de question lors de votre lecture de l'Évangile selon Marc. Marc termine probablement à 16.8, mais des copies tardives avaient une autre fin qui semblait compléter l'Évangile. La plupart des traductions les plus modernes ont inclus l'une de ces fins tout en expliquant que la conclusion de l'Évangile selon Marc pose problème.

LES BASES

LA PRIÈRE

Priez-vous ? D'une façon ou d'une autre, tout le monde prie. Lorsque vous vous écriez, « Ô mon Dieu ! » même si vous êtes en colère, vous êtes en train de prier. Un juron est une forme de prière pervertie. Pensez à toutes les fois où nous mentionnons la prière dans des conversations tout à fait banales (par exemple : « nos pensées et nos prières vous accompagnent »). Dans un certain sens, la prière est naturelle pour tous les êtres humains. La prière est universelle. Parce que nous avons été créés à l'image de Dieu, même si le péché est très présent dans notre vie, nous sommes attirés à parler au Dieu qui nous a faits. Que nous le voulions ou non, nous sommes des « êtres spirituels ».

Le défi pour ceux qui deviennent des disciples de Jésus n'est pas de se familiariser avec la prière, mais d'apprendre à prier d'une façon qui honore Dieu — d'une façon que Jésus supporterait et encouragerait. Comment pouvons-nous apprendre à nous repentir de nos mauvaises prières purement égoïstes et à prier d'une manière qui plait à Dieu ?

La prière est un sujet tout aussi vaste que celui de la Bible. Jésus a souvent parlé de la prière. Apprenez à utiliser la Bible comme livre de prières principal (par exemple, la plupart des Psaumes sont des prières). Le meilleur endroit où apprendre à prier est lors de rencontres entre croyants. Soyez attentifs aux prières lors des temps d'adoration et des réunions de prières. Profitez-en pour prier dans votre cœur. En disant « Amen » lorsqu'une personne termine de prier, vous dites au Seigneur : « Je suis d'accord, c'est aussi ma prière. » Le temps où vous vous sentirez prêts à vous exprimer oralement dans un groupe viendra. Seule une phrase ou deux peut constituer une contribution significative lors d'un temps de prière.

Vous devez également apprendre à prier en privé. Jésus nous a laissé une « prière du débutant ». C'est le point de départ par excellence pour cette introduction aux bases de la vie de disciple.

Dans un passage connu de l'Évangile selon Matthieu appelé le « Sermon sur la montagne » (Mt 5 – 7), Jésus décrit ce que vivre dans son royaume implique, et la prière y occupe une partie importante.. La prière enseignée par Jésus dans Matthieu 6.9-13, communément connue sous le nom de *la prière du Seigneur* (ou encore le *Notre Père*), est probablement la prière la plus célèbre au monde.

J'ai appelé la prière du Seigneur la « prière du débutant », car c'est un merveilleux point de départ. C'est également beaucoup plus que cela. Peu importe à quel point vous avancez dans votre vie de prière, cette humble prière ne sera jamais dépassée. Ce que je m'apprête à vous expliquer concernant l'utilisation de la prière de Seigneur est une pratique que j'ai adoptée il y a quelques années pour arrêter de me démener avec la prière. Je n'ai jamais trouvé de meilleur guide de prière, et je l'observe encore aujourd'hui. C'est un cadeau inépuisable.

 Lecture biblique : Matthieu 6.5-15

Si vous avez déjà été exposé à l'enseignement chrétien, vous avez déjà entendu cette prière et vous l'avez peut-être même répétée vous-même à l'Église ou ailleurs. En fait, il n'est pas rare qu'une personne qui devient sérieuse dans sa marche chrétienne rejette complètement la prière du Seigneur, soit parce qu'elle est trop familière ou parce qu'elle a été trop souvent répétée, comme par superstition (c'est exactement le genre de « babillage » contre lequel Jésus nous met en garde au verset 7). Ne faites pas ça ! Cet enseignement de Jésus est un cadeau remarquable et une excellente base pour apprendre à prier. Voici quelques étapes qui vous aideront à mettre cette base en place :

LES BASES

Mémoriser la prière du Seigneur

Je vous recommande d'apprendre la forme traditionnelle de la prière du Seigneur, puisque c'est celle que vous réciterez de cœur avec d'autres disciples lorsque vous vous réunissez pour adorer[4]. Voici l'une des versions traditionnelles ; je l'ai divisée pour qu'elle soit plus facile à utiliser comme guide lorsque vous priez :

> Notre Père qui est aux cieux !
> Que ton nom soit sanctifié ;
> Que ton règne vienne ; que ta volonté soit faite sur la terre
>   comme au ciel.
> Donne-nous aujourd'hui notre pain quotidien ;
> Pardonne-nous nos offenses, comme nous aussi nous
>   pardonnons à ceux qui nous ont offensés[5] ;
> Ne nous induis pas en tentation, mais délivre-nous du
>   malin.
> [Car c'est à toi qu'appartiennent, dans tous les siècles,
>   le règne, la puissance et la gloire. Amen !]

Utiliser la prière du Seigneur

Comme vous pouvez le voir, cette prière nous enseigne comment nous adresser à Dieu (« *Notre Père*, qui est aux cieux ») et elle énumère ensuite cinq choses que nous demandons. La fin traditionnelle, « Car c'est à toi qu'appartiennent, dans tous les siècles, le règne, la puissance et la gloire, » est une fin appropriée à vos prières, mais elle ne faisait pas partie de la prière d'origine enseignée par Jésus.

---

4. Vous trouverez une version abrégée de la prière du Seigneur dans Luc 11.2-4. Elle a été enseignée dans un contexte différent de celui de Matthieu 6, ce qui pousse à croire que Jésus a enseigné cette prière à plusieurs reprises tout au long de son ministère.

5. Voici ce qui est écrit dans une autre traduction traditionnelle : « Et remets-nous nos dettes, comme nous remettons à nos débiteurs ». Le sens est le même.

Nous pouvons comparer cette prière à une main — « Notre Père » est la paume, et les cinq requêtes sont les cinq doigts. Alors que vous apprenez à vous laisser guider par la prière du Seigneur, vous pouvez toucher chaque partie de votre main pendant que vous priez. J'ai trouvé très efficace de répéter les mots de la prière traditionnelle et de les ajouter à ma propre prière. Voici comment je prie : « Notre Père qui est aux cieux »... Puis, je m'arrête pour parler de ce qu'une relation aussi intime avec le Dieu tout-puissant implique. Je m'adresse à lui, tout comme Jésus l'a fait — comme à mon *Père*. Lorsque je touche la paume de ma main, je me souviens que tout comme mes doigts sont tous connectés par ma paume, je peux dire à Dieu tout ce que je veux grâce au privilège qui m'a été accordé par Jésus. Ensuite, je touche le premier doigt et prie pour la première requête, « Que ton nom soit sanctifié, » puis j'utilise mes propres mots pour rendre honneur et adoration à Dieu.

C'est ainsi que je passe chaque étape de la prière. Voyez-vous comment chacune des cinq requêtes ouvre la voie pour parler à Dieu de façon personnelle ? Par cette prière, Jésus nous donne

Figure 2. La main tendue vers le ciel

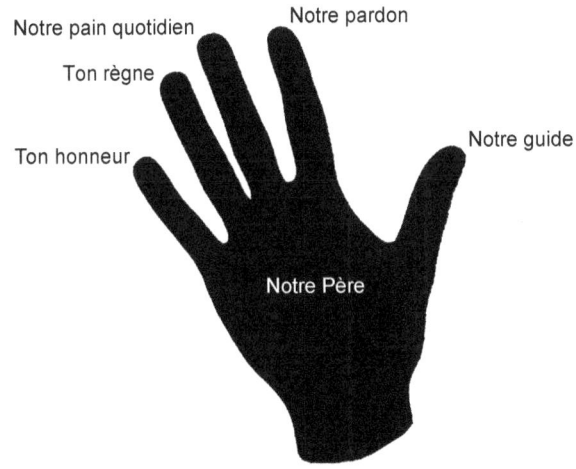

également un ordre à suivre. Par exemple, nous prions pour que le nom de Dieu soit sanctifié et pour que son règne vienne avant de prier pour nos propres besoins. Vous verrez, après avoir prié, que vous allez avoir couvert presque tout ce que vous vouliez amener devant Dieu — et peut-être même des choses auxquelles vous n'auriez même pas pensé.

- *Que ton nom soit sanctifié* — un temps pour louer et adorer Dieu.

- *Que ton règne vienne ; que ta volonté soit faite sur la terre comme au ciel* — un temps pour demander à Dieu que Jésus règne de plus en plus dans nos cœurs et dans le monde, et pour que s'accomplisse le jour où il reviendra achever l'œuvre du royaume[6].

- *Donne-nous aujourd'hui notre pain quotidien* — un temps pour prier pour nos besoins personnels, tels que la nourriture, la santé et le travail.

- *Pardonne-nous nos offenses, comme nous aussi nous pardonnons à ceux qui nous ont offensés* — un temps pour confesser nos péchés, pour constater les relations brisées dans notre vie et pour demander la guérison et le pardon.

- *Ne nous induis pas en tentation, mais délivre-nous du malin* — un temps pour lui demander de nous guider et de nous protéger dans la journée qui débute et de nous aider à surmonter les défis qu'elle présentera.

---

6. Certains, lorsqu'ils enseignent la prière du Seigneur, prennent le segment « que ta volonté soit faite sur la terre comme au ciel » comme une requête distincte. Je la considère plutôt comme une définition de « Que ton règne vienne ».

Résumé du chapitre 3

Les deux outils essentiels dans notre marche chrétienne, que nous soyons un nouveau disciple ou un disciple renouvelé, sont d'apprendre à lire la Bible et à prier.

La Bible :
- Explorer le Livre — elle ressemble davantage à une bibliothèque qu'à un seul livre.
- La grande histoire — tous les livres racontent la même histoire :
  - La création
  - La chute
  - La rédemption
  - L'état final
- L'autorité de la Bible — Jésus l'a reçue en tant que Parole de Dieu.
- Il existe des questions pratiques au sujet des copies et des traductions.

La prière :
- Tous prient — mais Dieu entend-il toutes leurs prières ?
- Apprendre la prière du Seigneur.
- Utiliser la prière du Seigneur :
  - Prier en pensant à une main : la paume et les cinq doigts.

LES BASES

Vos devoirs

1. **Terminer votre lecture de Marc.** Vous devriez avoir lu Marc au moins deux fois avant de passer à la deuxième partie de cette étude. Écrivez-vous vos réflexions et vos questions dans votre journal ? Ne soyez pas surpris de faire de nouvelles découvertes à chacune de vos lectures — c'est la Parole de Dieu, il est impossible de la saisir complètement.

2. **Lisez Genèse 1 – 4 et Apocalypse 21 et 22.** Ce sera votre introduction à la grande histoire de la Bible. Notez dans votre journal de quelle façon les thèmes retrouvés dans le livre de la Genèse sont achevés dans l'Apocalypse. Si vous êtes dans un groupe, ce sera un sujet important à aborder ensemble.

3. **Commencez à utiliser la prière du Seigneur dans vos prières personnelles.** Si vous ne la connaissez toujours pas, mémorisez-la. Apprenez ensuite à prier en vous y référant, pas seulement en la récitant. Vous pouvez commencer en la répétant puis en y ajoutant votre touche personnelle. N'oubliez pas de toucher vos doigts pendant cet apprentissage.

DEUXIÈME PARTIE

DEVENIR UN DISCIPLE GRÂCE À L'ÉVANGILE

Jésus, le Messie et le Fils de Dieu, vous a été présenté. Vous avez vu que c'est là le *commencement* de l'Évangile (Mc 1.1). C'est maintenant le temps de creuser un peu plus en profondeur dans cet Évangile. Cette deuxième partie est le cœur de notre étude sur la vie de disciple. Nous ne mettrons pas l'Évangile de côté, au contraire, nous la comprendrons et la mettrons en pratique de plus en plus. C'est pour cette raison que le titre de cette partie est « Devenir un disciple grâce à l'Évangile ».

La lettre de l'apôtre Paul adressée à l'Église de Rome propose quatre étapes à suivre pour aider les disciples à approfondir l'Évangile. De même que vous avez étudié Marc dans la première partie, vous étudierez l'épître aux Romains dans la deuxième.

Première étape : connaître l'Évangile
Chapitre 4 : L'Évangile de Dieu

Deuxième étape : reconnaître ce qui nous a conduits vers l'Évangile
Chapitre 5 : L'appel au salut et l'appel à devenir un disciple
Chapitre 6 : La conversion

Troisième étape : connaître les avantages de croire en l'Évangile (les doctrines de l'Évangile)
  Chapitre 7 : Un nouveau dossier : la justification
  Chapitre 8 : Une nouvelle vie : la sanctification et l'adoption
  Chapitre 9 : Un nouvel avenir : la glorification

Quatrième étape : mener une vie qui jaillit de l'Évangile (obéir à l'Évangile)
  Chapitre 10 : La foi exprimée par l'amour
  Chapitre 11 : L'Évangile change tout

LES ÉTAPES DE LA MARCHE CHRÉTIENNE

✗ **Première étape : connaître l'Évangile**

Deuxième étape : connaître ce qui nous a conduits vers l'Évangile

Troisième étape : connaître les avantages de croire en l'Évangile (les doctrines de l'Évangile)

Quatrième étape : mener une vie qui jaillit de l'Évangile (obéir à l'Évangile)

CHAPITRE 4

L'Évangile de Dieu

SI VOUS AVEZ CÔTOYÉ les chrétiens et l'Église régulièrement, vous savez que le mot *évangile* est normalement utilisé pour désigner le message que les païens ou les gens non convertis ont besoin d'entendre. D'une façon ou d'une autre, c'est la bonne nouvelle de la mort de Jésus pour le pardon de nos péchés. Par la foi en Jésus, nous pouvons être pardonnés. Une personne qui croit en ce message est considérée comme étant *sauvée*. Tout cela est vrai, et c'est une merveilleuse bonne nouvelle. Toutefois, est-ce tout ce que signifie l'Évangile ? C'est une question clé lors de n'importe quelle discussion sur la vie de disciple, parce que les chrétiens ont tendance à croire en l'Évangile afin de *devenir* un disciple, mais ils se tournent ensuite vers autre chose que l'Évangile afin de *grandir* en tant que disciples.

Prenez le temps de vous arrêter pour réfléchir à cette réalité avant de continuer. Vous pouvez également en parler avec les membres de votre groupe. Si vous faites partie des disciples renouvelés, il est particulièrement important que vous jetiez un regard nouveau sur votre compréhension de l'Évangile. Vous pourriez avoir besoin de recommencer à zéro afin de laisser l'Écriture, et non votre propre compréhension traditionnelle, définir l'Évangile. C'est la raison pour laquelle j'ai choisi l'approche de « la marche chrétienne pour les nuls » et que j'essaie de laisser la Bible parler pour elle-même. Lire dans l'Évangile selon Marc puis dans l'épître aux Romains ouvre une très belle porte sur la majesté et la puissance de l'Évangile.

Repensons à Tite encore une fois. Depuis plusieurs mois déjà, il se réunit avec les disciples de Rome. Il est fasciné par leurs études de l'Évangile selon Marc et se sent attiré à Jésus. Il sent qu'il est le bienvenu dans le groupe, et plus les histoires de Jésus deviennent familières, plus il est en mesure d'alimenter des conversations intelligentes. Il n'est pas encore certain de croire *en* Jésus, et il sait que s'il désire être reconnu comme disciple, il doit aller voir les anciens et demander à être baptisé. Il n'a pas encore franchi cette étape. (Qu'en est-il de vous ? Nous parlerons davantage de votre marche personnelle avec Jésus au chapitre 6.)

C'est alors qu'une chose nouvelle se produit. Une lettre leur est parvenue par des disciples qui sont arrivés à Rome. Dans cette lettre, il est écrit que l'apôtre Paul leur rendra visite. Ce n'est pas tout ce que Paul voulait leur dire, il voulait également leur parler en profondeur de l'Évangile. L'Église se préparait donc à la visite de Paul en lisant sa lettre et en discutant à son sujet. Tite avait encore plus de matière à réflexion, et il a vite compris qu'il lui est impossible de comprendre tout ce que Paul a écrit. Toutefois, l'idée centrale de l'Évangile selon Marc se retrouvait aussi dans la lettre de Paul — pour être un disciple de Jésus, nous devons répondre à son appel pour nous repentir, croire en l'Évangile et le suivre.

Bien sûr, Tite est un personnage fictif, mais qu'une personne comme lui ait étudié l'Évangile selon Marc, puis l'épître aux Romains est tout à fait réaliste. Nous ne savons pas avec précision en quelle année ces livres ont été écrits, mais ils ont circulé à Rome à peu près en même temps. Vous constaterez que l'épître aux Romains est très différente du livre de Marc. Tous deux parlent de l'Évangile, mais

Marc la raconte comme une histoire, et Paul explique en détail ce qu'elle signifie. Ne vous attendez pas à comprendre instantanément tout ce que Paul enseigne au sujet de l'Évangile, mais il a écrit à une Église de nouveaux croyants, donc si vous êtes un nouveau disciple ou un disciple renouvelé, vous pourrez déjà comprendre et mettre en pratique une grande partie du contenu de sa lettre.

 Pour en savoir plus

Qui est Paul ?

Vous n'avez pas lu l'histoire de Paul dans l'Évangile selon Marc. Il ne faisait pas partie des premiers apôtres, et il a même persécuté les disciples dans les premiers temps de l'Église. À cette époque, il s'appelait Saul. Il était extrêmement instruit, il était un dirigeant qui habitait à Jérusalem. Sur le chemin entre Jérusalem et Damas, Jésus a rencontré Paul dans une vision, Saul s'est converti et a été appelé à annoncer l'Évangile aux nations. Jésus a fait de lui l'un de ses apôtres. Le nom de Saul a été changé pour *Paul*, et il est devenu l'un des plus grands missionnaires de l'époque. Treize des livres du Nouveau Testament sont des lettres écrites par Paul. Apprenez-en davantage sur lui en lisant les chapitres 9 à 28 du livre des Actes dans le Nouveau Testament.

Commencez par lire attentivement les versets 1 à 17 du premier chapitre de l'épître aux Romains. Paul commence en exposant de nouveau l'Évangile (1.1-5), suivi de ses salutations à l'Église de Rome et de l'annonce de sa prochaine visite (1.6-15). Il établit ensuite un plan pour ce qu'il s'apprête à aborder — l'Évangile en tant que révélation de la justice de Dieu (1.16,17). Pendant votre lecture, comptez ou marquez chaque occurrence du mot *Évangile* (certaines traductions utilisent aussi la *bonne nouvelle*). Après votre lecture, je vais vous poser quatre questions sur l'Évangile dont les réponses se trouvent dans les premiers versets de l'épître aux Romains. C'est le temps d'étudier la Bible[1] !

 Lecture biblique : Romains 1.1-17

QU'EST-CE QUE L'ÉVANGILE ? (1.1-5)

Dès que Paul s'est présenté, il a exposé de nouveau l'Évangile (relisez les versets 1-4). Il l'appelle « l'Évangile de Dieu ». C'est une bonne nouvelle de la part de Dieu lui-même. L'Évangile :

- Est promis dans les Saintes Écritures (l'Ancien Testament).

- Concerne le Fils de Dieu.

- Concerne ce qui est arrivé à ce Fils :
  - Il est venu sur la terre en tant qu'homme, né de la descendance de David.
  - Il est ressuscité des morts par la puissance du Saint-Esprit.

- Déclare que la résurrection de Jésus prouve qu'il est le Fils de Dieu et qu'il est Seigneur.

---

1. Ceux qui sont habitués à lire des traductions très libres ou des paraphrases de la Bible peuvent trouver plus difficile d'étudier attentivement la Bible et de se concentrer sur certains mots-clés. Vous désirerez peut-être vous diriger vers une traduction de la Bible qui n'est pas aussi facile à lire, mais qui se rapproche le plus possible des textes originaux.

Dans sa lettre, Paul explique en détail les répercussions de l'Évangile ainsi que les bénédictions qui en découlent. Cette brève déclaration qui résume l'Évangile est la même que nous avons découverte dans l'Évangile selon Marc — c'est l'histoire de Jésus. Voilà l'histoire : Jésus, le Messie, le Fils de Dieu, qui vient sur la terre annoncer la bonne nouvelle du royaume — que Dieu a rempli sa promesse de supprimer la malédiction du péché et de rendre le salut accessible au monde entier. Ce salut procure la paix, dont le mot familier en hébreu est *shalom*. Jésus a rendu le salut accessible par sa mort et sa résurrection. Dans ses lettres, Paul utilise plusieurs expressions pour parler de l'Évangile, comme : « je n'ai pas eu la pensée de savoir parmi vous autre chose que Jésus-Christ, et

 Pour en savoir plus

Qui sont les païens ?

> Pendant votre lecture de l'épître aux Romains, vous verrez de nombreuses références aux « païens » (parfois appelés les « Grecs »). Le terme est généralement opposé à « Juifs ». Les païens sont tous ceux qui ne sont pas Juifs. Ce mot signifie également « nations ». Dieu a mis à part le peuple juif comme canal de bénédiction pour le monde entier. Cependant, les Juifs ont oublié ce détail et se sont imaginé que Jésus et le royaume leur étaient réservés. Les premiers disciples étaient juifs, et ils avaient du mal à accepter le fait que le message de l'Évangile s'adresse aussi aux païens (lisez à ce sujet dans Actes 15). Paul était un Juif, mais sa mission auprès des peuples païens rappelait constamment que l'Évangile fait tomber des murs — les murs qui nous séparent de Dieu et des autres.

Jésus-Christ crucifié » et « Christ est mort pour nos péchés [...] et il est ressuscité le troisième jour » (1 Co 2.2 ; 15.3,4). Peu importe les mots qui sont utilisés, l'Évangile de Dieu parle de Jésus-Christ.

Pendant votre lecture de l'épître aux Romains et des autres lettres de Paul, vous remarquerez que tous ces livres commencent par la salutation « Que la grâce et la paix ». Cette expression est lourde de sens. La paix semble être ce que toute personne recherche — la paix dans le monde, la paix dans sa famille et dans ses relations, la paix d'esprit. C'est une forme de salutation répandue partout à travers le monde (par exemple, en arabe, *shalom* devient *salaam*). D'où cette paix provient-elle ? L'Évangile dit qu'elle provient de la grâce. La grâce, c'est Dieu qui donne librement ce que nous ne pourrions pas obtenir ou mériter par nos propres moyens. Le salut est par grâce, il est un don de Dieu, et par cette grâce nous avons « la paix avec Dieu par notre Seigneur Jésus-Christ » (Ro 5.1). Ainsi, la salutation de Paul n'inclut pas seulement la paix, elle inclut « la grâce et la paix ».

La mission pour laquelle Paul a « reçu la grâce et l'apostolat » était de proclamer la bonne nouvelle de la venue et du règne de Jésus, et d'inviter tous les païens à suivre Jésus, « à l'obéissance de la foi » (1.5).

QUI ALLAIT ENTENDRE PARLER DE L'ÉVANGILE ? (1.6-15)

Paul écrivait à tous ceux qui, à Rome, étaient bien-aimés de Dieu, saints par vocation (v. 7). Au verset 6, il écrit que ces personnes ont été *appelées* par Jésus-Christ. Le thème de l'appel est ainsi répété — tout comme nous l'avons vu au début du ministère de Jésus dans l'Évangile selon Marc. (Nous parlerons davantage de *votre* appel à suivre Jésus au chapitre 5.)

Pour en savoir plus

Voici Jack et Rose Marie Miller

Dr C. John (Jack) Miller était un professeur de séminaire, un missionnaire et un pasteur dont la vie et le ministère ont été transformés par l'idée toute simple que je viens de vous partager — que l'Évangile est tout aussi important après y avoir cru qu'avant. Ce n'est pas une révélation-choc, mais il semble que presque chaque génération doit redécouvrir cette vérité transformatrice. Dieu a utilisé Jack Miller pour transmettre ce message à la nouvelle génération du XXIe siècle. Non seulement il a enseigné ce principe à ses élèves au Séminaire théologique de Westminster, mais il l'a aussi enseigné dans l'Église qu'il a fondée en Pennsylvanie, l'Église presbytérienne New Life de Glenside, ainsi qu'à la mission qui transmet son héritage, World Harvest Mission [Mission de la moisson mondiale][2].

L'une des raisons pour lesquelles Jack a eu de l'influence est qu'il est très transparent et vulnérable dans sa lutte avec le péché. Pour en savoir plus, il faut que vous rencontriez son épouse, Rose Marie, qui raconte leur histoire ainsi que ses luttes afin de comprendre et d'appliquer l'Évangile à sa propre vie. Rose Marie raconte cette histoire dans son livre

---

2. Vous trouverez dans l'annexe 1, « Lectures et ressources additionnelles », plusieurs livres écrits par Jack qui vous encourageront et vous mettront au défi dans votre vie de disciple. Je recommande particulièrement le livre qu'il a écrit juste avant sa mort, *A Faith Worth Sharing* [Une foi qui vaut la peine d'être partagée], Phillipsburg, NJ, P&R Publishing, 1999, dans lequel vous apprendrez à le connaître par des conversations qu'il a eues avec des chrétiens et des non-chrétiens.

DEVENIR UN DISCIPLE GRÂCE À L'ÉVANGILE

From Fear to Freedom[3] [De la peur à la liberté]. Après la mort de Jack en 1996, Rose Marie est partie servir le Seigneur à Londres en partageant l'Évangile à des femmes asiatiques qui vivent là-bas.

Relisez le passage où Paul partage son intention de rendre visite « à *[ceux]* qui *[sont]* à Rome » afin « de *[leur]* annoncer aussi l'Évangile » (1.13-15). C'était des personnes dont la « foi *[était]* renommée dans le monde entier » (v. 8).

En d'autres mots, lorsque Paul projetait de venir à Rome afin d'y prêcher l'Évangile, son intention était de s'adresser à l'*Église* de Rome, à des gens qui avaient déjà cru à l'Évangile et qui déclaraient eux-mêmes être des disciples de Jésus.

Voici ce qu'il faut retenir :

- Voulez-vous devenir un disciple de Jésus ? *Repentez-vous, croyez en l'Évangile et suivez Jésus.*

- Voulez-vous grandir et prendre des forces en tant que disciple de Jésus ? *Repentez-vous, croyez en l'Évangile et suivez Jésus.*

Comme je l'ai déjà dit dans ce chapitre, la chose la plus importante à comprendre dans cette étude de la marche chrétienne est ceci : que vous soyez en train de chercher, que vous soyez un nouveau disciple, un disciple renouvelé ou un disciple mature, vous avez besoin de la même chose — l'Évangile de Dieu, la bonne nouvelle de la venue de Jésus pour nous apporter le salut.

---

3. Colorado Springs, Shaw Books, 1994.

L'ÉVANGILE DE DIEU

COMMENT L'ÉVANGILE PEUT-IL ÊTRE LA PUISSANCE DE DIEU ? (1.16)

Prenez le temps de relire attentivement le verset 16. Le thème de la puissance de Dieu (dont la racine grecque a fait naître les mots *dynamite* et *dynamique*) sert à nous rappeler encore une fois que la marche chrétienne est ultimement l'œuvre surnaturelle de Dieu dans la vie de personnes comme vous et moi. Lorsque Jésus a appelé ses premiers disciples, ils l'ont suivi à cause de la puissance de Dieu qui était à l'œuvre dans leur âme. C'est toujours vrai aujourd'hui, et selon le verset 16, cette puissance est à l'œuvre en nous dès le moment où nous croyons en l'Évangile. Paul dit que l'Évangile est « la puissance de Dieu pour le salut de quiconque croit ». Nous apprendrons dans d'autres leçons que cette vérité s'applique à bien plus que le moment de notre vie où nous croyons pour la première fois et que nous devenons un disciple. Le « salut » est le cadeau qui nous est fait. Il est décrit plus loin dans l'épître aux Romains comme l'*appel*, la *justification*, et la *glorification* — c'est Dieu qui nous donne *toutes choses* (8.30,32).

Voyez-vous ce qui relie tous ces points ?

- L'Évangile est la puissance de Dieu pour notre salut *en entier*, de notre appel jusqu'à notre glorification.

- Cette puissance est destinée à tous ceux qui croient en l'Évangile.

- Ainsi, si nous désirons vivre en tant que disciples, nous devons vivre en croyant l'Évangile — vivre en apprenant à faire de plus en plus confiance à Jésus et à toutes les choses merveilleuses qui nous sont révélées sur sa personne dans l'Évangile.

Un grand historien de l'Église, Richard Lovelace, a demandé pourquoi l'Église semblait aussi impuissante jusqu'à ce qu'il y ait un nouveau réveil ou un vent de renouveau. Il a demandé pourquoi le réveil ne pouvait pas faire partie intégrante de la vie normale de l'Église et de la vie quotidienne de chaque croyant. Selon lui, cela serait possible grâce à ce qu'il appelle *une présentation profonde de l'Évangile*, et ses écrits expliquent à quoi cela ressemblerait[4]. Plusieurs Églises et ministères ont été grandement influencés par son enseignement : c'est un exemple vivant qui montre à quel point croire en l'Évangile nous donne la puissance de grandir en tant que disciples de Jésus.

 Temps de réflexion

Réfléchissez-y, ou parlez-en dans votre groupe : n'est-il pas sensé que plus nous comprenons et mettons en pratique l'Évangile, plus nous voyons la puissance de Dieu à l'œuvre dans notre vie et dans notre Église ?

QU'ELLE EST LA RÉVÉLATION DE L'ÉVANGILE ? (1.17)

Pour compléter cette leçon sur l'Évangile de Dieu, lisez le verset 17 encore une fois. Paul dit que l'Évangile renferme une révélation de la justice de Dieu. L'expression « en lui est révélée la justice *de* Dieu » exprime que l'Évangile raconte l'histoire de Dieu qui, dans sa justice, nous fait cadeau de sa justice. C'est une vérité très importante de l'Évangile, et nous y reviendrons dans le

---

4. Richard F. Lovelace, *Dynamics of Spiritual Life : An Evangelical Theology of Renewal* [Les dynamiques de la vie spirituelle : une théologie évangélique du renouvellement], Downers Grove, IL, InterVarsity Press, 1979. L'œuvre de Dr Lovelace a beaucoup influencé Jack Miller ainsi que d'autres responsables d'Églises New Life dans la création d'une vision pour les Églises qui englobe tant l'évangélisation que le renouvellement.

chapitre 7. En réalité, le thème de la justice se trouve partout dans l'épître aux Romains.

Dans la Bible, le Dieu juste agit toujours avec justice (voir És 32.1,16,17 ; 33.5,6). Pour cette raison, le thème de la justice est directement lié au jugement de Dieu. Ce n'est *pas* une bonne nouvelle pour nous. Nous devons donc demander, *Comment la justice de Dieu, révélée à des gens injustes, peut-elle être une bonne nouvelle ?* La réponse à cette question est le thème de la lettre de Paul.

Pour terminer cette leçon importante, regardez encore une fois la dernière partie du verset 17. La justice de Dieu, révélée dans l'Évangile, est révélée *par la foi*. Tout a à voir avec la foi. Littéralement, il est écrit « par la foi et pour la foi ». Paul cite ensuite les paroles d'un prophète de l'Ancien Testament, Habacuc, afin de montrer que la justice par la foi n'est pas un nouveau concept.

 Pour en savoir plus

Qu'est-ce que la justice ? Je croyais que c'était mauvais.

Vous la mélangez peut-être avec l'autojustification : tout le monde croit être meilleur que les autres. Voilà ce qui est mauvais. Réfléchissez à la justice en commençant par le mot *juste*. Le mot *juste* fait référence à une norme au regard de laquelle nous allons être jugés. Nous voulons faire la *bonne* chose. Nous voulons avoir *raison* lorsque nous participons à un débat. Ainsi, Dieu est juste parce que tout ce qu'il fait est bon, et tout ce qu'il dit est vrai. Dieu est parfait, donc sa *justice* est parfaite. Lorsque nous appliquons les normes de justice de Dieu dans notre vie, nous voyons notre *in*justice. Lorsqu'une personne injuste se croit juste, elle tente de se justifier soi-même.

Ainsi, s'approcher de Dieu par la foi a toujours été la façon de faire, et cette façon de faire a été accomplie par la venue de Jésus-Christ.

Est-ce que tout cela a du sens ? Pas pour l'instant. Toutefois, n'est-il pas du devoir du disciple de s'instruire ? J'espère que vous serez patient et irez à votre propre rythme. Si vous retenez une seule chose après avoir fait cette étude, j'espère que ce sera la leçon que croître comme disciple de Jésus n'implique aucunement que vous aurez terminé votre étude de l'Évangile pour passer à un niveau d'études supérieures. Nous avons besoin d'apprendre à creuser toujours plus profondément dans le trésor qu'est l'Évangile de Dieu.

Paul termine la lettre aux Romains de la même façon qu'il l'a commencée — avec l'Évangile. Il termine en disant, « À celui qui peut vous affermir selon *mon* Évangile » (16.25). C'est également ma prière alors que nous poursuivons cette étude.

Résumé du chapitre 4

La principale manière de grandir comme disciple de Jésus est de creuser plus profondément dans l'Évangile. C'est ce que Paul avait en tête lorsqu'il a rédigé sa lettre à l'intention de l'Église de Rome, et en les informant de sa prochaine visite.

Marc nous a partagé l'Évangile, l'histoire de Jésus ; Paul raconte la même histoire, mais explique également ce qu'elle veut dire.

Lisez les premiers versets de l'épître aux Romains (1.1-17) pour répondre à ces quatre questions :

- Qu'elle est la révélation de l'Évangile ?
  - L'histoire de Jésus, sa personne et son œuvre.

- Qui allait entendre parler de l'Évangile ?
  - L'Église de Rome.

- Comment l'Évangile peut-il être la puissance de Dieu ?
  - C'est en y croyant que nous expérimentons l'œuvre surnaturelle de Dieu à travers Christ.

- Qu'est-ce que l'Évangile ?
  - Une révélation de la justice de Dieu.

Assimilez ce que vous pouvez. En tant que disciple, que vous soyez un nouveau disciple ou un disciple renouvelé, vous avez beaucoup à apprendre. Ne soyez donc pas découragé de ne pas tout comprendre en même temps.

Vos devoirs

1. **Continuez à utiliser la prière du Seigneur pour apprendre à prier.** Vous aimeriez probablement lire Luc 11.1-13 pour voir comment les premiers disciples ont demandé de l'aide pour prier. Utilisez votre main et vos doigts pour vous guider dans vos requêtes. Notez votre progrès dans votre journal, et discutez-en avec les membres de votre groupe.

2. **Continuez à lire régulièrement la Bible.** Lisez l'Évangile selon Jean. Vous allez remarquer que Jean raconte l'histoire de l'Évangile comme s'il tenait pour acquis que les disciples avaient déjà lu l'Évangile selon Marc. Jean ajoute des informations concernant le ministère de Jésus et partage un plus grand nombre de ses enseignements. Lisez Jean pendant votre étude des deux prochaines leçons. Si vous avez le temps, lisez aussi la lettre de Paul aux Galates. Vous allez apprendre que les Églises de la Galatie commettaient l'erreur de mettre l'Évangile de côté, ce qui a choqué Paul au plus haut point.

3. **Rédigez le brouillon de votre autobiographie spirituelle.** Dans la prochaine leçon, nous reparlerons de l'appel de Dieu dans votre vie. Écrivez les réflexions que vous avez eues jusqu'ici concernant le travail que Dieu fait dans votre vie ainsi que la réponse que vous avez donnée à Jésus concernant son appel.

LES ÉTAPES DE
LA MARCHE CHRÉTIENNE

Première étape : connaître l'Évangile

✗ **Deuxième étape : connaître ce qui nous a conduits vers l'Évangile**

Troisième étape : connaître les avantages de croire en l'Évangile (les doctrines de l'Évangile)

Quatrième étape : mener une vie qui jaillit de l'Évangile (obéir à l'Évangile)

CHAPITRE 5

L'appel au salut et l'appel à devenir un disciple

RÉFLÉCHISSEZ À la première leçon de cette étude, celle sur le commencement de l'Évangile. Marc nous a montré Jésus qui appelait les gens à se repentir, à croire en l'Évangile et à le suivre. Il a dit qu'il n'était pas venu appeler les justes, mais les pécheurs. Lorsque nous avons entamé l'étude de l'épître aux Romains pour comprendre encore mieux l'Évangile, nous avons constaté que Paul a commencé en rappelant aux Romains qu'ils avaient été appelés pour appartenir à Christ ; qu'ils étaient « appelés à être saints ».

Commencez-vous à percevoir le point commun entre tous ces passages ? La marche chrétienne commence par un appel divin. Notre réponse à l'appel de l'Évangile est de suivre Jésus. C'est ainsi que j'ai décrit ce qu'est un disciple dans la première leçon : « celui qui entend l'appel de Jésus se repentira, croira en l'Évangile et suivra Jésus ». Plus j'ai médité au sujet de l'appel de Dieu, plus j'ai réalisé la fréquence à laquelle Paul a abordé ce sujet dans ses lettres aux différentes Églises. Je suis convaincu qu'il croyait qu'un élément clé de leur croissance comme disciples était de se souvenir d'où ils venaient et de se rappeler la puissance de l'amour de Dieu qui les a appelés à sortir des ténèbres pour entrer dans la lumière de l'Évangile. J'ai également réalisé que l'appel à devenir un disciple dans les enseignements de Jésus est essentiellement le même appel que l'appel au salut dans les enseignements de Paul et des autres apôtres. L'appel au salut est un appel à devenir un disciple.

Nous approfondirons cet appel un peu plus loin, mais c'est le moment idéal pour que vous réfléchissiez à l'œuvre de Dieu dans votre vie. Encore aujourd'hui, Dieu appelle des hommes, des femmes et des enfants à appartenir à Jésus-Christ et à le suivre en tant que disciples. Si l'Évangile est l'histoire de Jésus, il est maintenant temps de jeter un œil sur votre propre histoire.

J'ÉTAIS UN TITE

Nous avons commencé en faisant la connaissance de Tite, un païen qui ne connaissait absolument rien sur Jésus et sur l'Évangile. J'ai essayé de m'imaginer comment une personne comme Tite pourrait réagir lors de sa première lecture de l'Évangile selon Marc et lorsqu'il entendrait parler de l'Évangile pour la première fois. Après avoir lu l'Évangile selon Marc, il s'est informé encore plus en lisant l'épître aux Romains. Pendant tout ce temps, il savait qu'il devait répondre à l'appel et confesser publiquement le Seigneur Jésus et se faire baptiser. Comment a-t-il répondu ? S'est-il désintéressé et est-il parti ? A-t-il suivi le mouvement en se joignant à l'Église sans avoir l'intention de vivre comme un disciple ? Sinon, sa vie a-t-elle été profondément transformée ? A-t-il grandi tranquillement dans la foi et a-t-il mené une vie de disciple en ne sachant presque rien ? Évidemment, nous ne savons pas comment ce personnage fictif aurait répondu à l'appel, mais ma propre histoire ressemble beaucoup à la sienne, et je peux raconter ce que Dieu a fait dans ma vie. Mon histoire pourrait être racontée par des millions de personnes. Personne dans le monde n'a la même histoire, mais répondre à l'appel de l'Évangile entraîne les mêmes résultats — nous sommes « appelés par Jésus-Christ », appelés à lui appartenir (Ro 1.6 ; Ga 5.24). Voilà pourquoi je vous ai donné comme devoir d'écrire le premier jet de votre autobiographie spirituelle. Vous voudrez probablement la réviser au fur et à mesure que vous apprendrez de nouvelles choses, mais il faut que vous réfléchissiez à l'œuvre de Dieu dans votre vie.

 Temps de réflexion

Si vous faites cette étude dans un groupe, ce serait un bon moment pour vous arrêter et pour discuter brièvement de votre arrière-plan religieux et spirituel si vous ne l'avez pas déjà fait. Êtes-vous comme Tite, n'ayant aucun antécédent ? Avez-vous grandi dans un milieu chrétien ? Les membres de votre famille sont-ils chrétiens ? Qu'est-ce qui vous a donné le goût d'en savoir plus sur Jésus ?

COMMENT FONCTIONNE L'APPEL ?

Ouvrez votre bible et trouvez la petite lettre appelée 1 Thessaloniciens (Thessalonique est une ville de la Grèce). Paul a écrit deux lettres à l'intention de la nouvelle Église de Thessalonique à la suite de son départ forcé à cause d'une foule en colère. (Vous pouvez lire cette histoire dans Actes 17.1-15.) Dans ces deux lettres, il prend le temps de leur rappeler l'œuvre transformatrice de l'Évangile dans leur vie.

DEVENIR UN DISCIPLE GRÂCE À L'ÉVANGILE

 Lecture biblique : 1 Thessaloniciens 1.4-10

Ce qui s'est produit à Thessalonique après que l'Évangile y a été prêché a convaincu Paul que les Thessaloniciens avaient été choisis par Dieu. L'Évangile en tant que tel n'est qu'une suite de mots — des mots vrais et merveilleux, certes, mais seulement des mots. Pourtant, lorsque Paul a proclamé l'Évangile dans cette ville, le message est devenu vivant pour ceux qui l'entendaient à cause de l'œuvre du Saint-Esprit. Il y avait une puissance ainsi qu'une profonde conviction à l'œuvre — l'Évangile est entré dans leur âme, et ils ont été transformés. Ils se sont détournés des idoles (repentance) afin de servir Dieu (suivre Jésus).

 Pour en savoir plus

Je veux en savoir plus sur le Saint-Esprit

Depuis le début de la Bible, il est évident que Dieu est bien plus complexe qu'un simple être vivant. Dans le deuxième verset de la Bible, il est écrit que « l'Esprit de Dieu se mouvait au-dessus des eaux » alors que Dieu commençait l'œuvre de sa création (Ge 1.2). Toutefois, le message principal de l'Ancien Testament, avec toute l'idolâtrie qui existait à l'époque, était que Dieu est Un. Avec la venue de Jésus, il est devenu encore plus clair que le Dieu qui est Un est plus que cela — il est en fait Trois en Un : le Père, le Fils et le Saint-Esprit. Lorsque la vierge Marie a conçu un enfant, il l'a été par le Saint-Esprit (Mt 1.20). Vous souvenez-vous lorsque Jésus a été baptisé dans Marc 1 ? Le Saint-Esprit est descendu sur lui et une voix qui provenait du ciel a été entendue : « Tu es mon Fils bien-aimé, en toi j'ai mis toute mon affection » (Mc 1.11). Le mot Tri-unité ou Trinité est un mot utilisé par l'Église pour parler de Dieu. C'est ainsi que Dieu se révèle dans la Bible — ce grand mystère est révélé, mais jamais expliqué et nous devons faire nous-mêmes bien attention lorsque nous essayons de l'expliquer. Le Saint-Esprit est celui qui est à l'œuvre de façon invisible dans le monde, accomplissant la volonté de Dieu et indiquant le chemin, non pas vers lui-même, mais vers Jésus.

Cette histoire introduit un nouvel aspect de l'appel de Dieu : la puissance du Saint-Esprit. Comment l'Évangile peut-il transformer des vies ? C'est le Saint-Esprit qui fait entrer la vérité de l'Évangile dans le cœur des gens de façon à ce que leur vie soit transformée à partir de l'intérieur. Le mot pour décrire ce phénomène (que nous aborderons un peu plus loin) est régénération.

C'est l'œuvre grandiose du salut, et chaque membre de la Trinité a un rôle bien précis. C'est planifié par le Père, accompli par le Fils, et c'est le Saint-Esprit qui, par son œuvre, touche le cœur des pécheurs. Remarquez maintenant comment ces idées sont réunies dans la seconde lettre de Paul aux Thessaloniciens :

 Lecture biblique : 2 Thessaloniciens 2.13-15

Dieu est à l'œuvre par « la sanctification de l'Esprit » (2 Th 2.13). Ainsi, le Saint-Esprit est celui qui nous met à part (dans l'Ancien Testament, un animal était « sanctifié » lorsqu'il était séparé du reste du troupeau afin d'être préparé pour être sacrifié). C'est aussi ce qui arrive lorsque nous sommes appelés. Paul a écrit à une autre Église de la Grèce, de la ville de Corinthe, que dans une perspective humaine, l'Évangile ne faisait aucun sens tant pour les Juifs que pour les Grecs (les païens). Toutefois, elle est « puissance de Dieu et sagesse de Dieu pour ceux qui sont appelés, tant Juifs que Grecs » (1 Co 1.24). En d'autres mots, lorsque le Saint-Esprit entre dans le cœur et la pensée d'une personne, l'Évangile prend vie et nous croyons en Jésus le Messie, le Fils de Dieu, et nous le suivons. Cette vérité aide-t-elle à expliquer pourquoi les premiers disciples pouvaient entendre l'appel de Jésus et se lever aussitôt pour le suivre ? Elle pourrait également expliquer pourquoi chaque personne entend exactement le même message de l'Évangile, mais y répond de façon totalement différente.

 Temps de réflexion

Arrêtez-vous et réfléchissez à la façon dont votre compréhension de l'Évangile a commencé à changer. C'est peut-être ce qui est en train de se produire alors que vous faites cette étude. Si vous êtes un « Tite », tout est nouveau, mais pour les autres, ce sont des choses et des idées que vous avez entendues toute votre vie. Dieu est-il en train de donner vie à ces « vieilles » vérités ? Parlez-en avec votre groupe d'étude.

L'APPEL EFFICACE

Lorsque j'ai commencé à comprendre l'idée de l'appel de Dieu pour la toute première fois, j'étais un étudiant en théologie, et je suis tombé sur une phrase qui me paraissait étrange. Le texte théologique décrivait l'appel efficace. L'adjectif efficace veut tout simplement dire « qui produit l'effet désiré ». Quand Dieu appelle, nous voilà ! Le manuel expliquait qu'il y avait une différence entre l'appel de l'Évangile et l'appel efficace. J'ai trouvé la réflexion pertinente, car ce n'est pas tout le monde qui répond à l'appel de l'Évangile. Un grand nombre se détourne et devient même plus endurci. Par conséquent, pour que l'appel de l'Évangile soit

L'APPEL AU SALUT ET L'APPEL À DEVENIR UN DISCIPLE

efficace, il faut que le Saint-Esprit opère un changement dans notre cœur. En réalité, lorsque nous réfléchissons à nos propres attitudes, nous ne pouvons que constater qu'aucun de nous ne répondrait favorablement à l'appel de l'Évangile si cela ne dépendait que de nous.

En réfléchissant à ma propre situation, je me rappelle que la seule raison pour laquelle je me suis intéressé à l'Évangile était que j'avais été invité à me joindre à l'équipe de basketball d'une Église et que j'ai cru convenable de me présenter à l'église de temps en temps. Je n'étais pas dans une sorte de grande quête spirituelle — Dieu a utilisé quelque chose de bien ordinaire pour commencer. L'Évangile ne voulait rien dire pour moi au départ, mais elle a eu de plus en plus de sens, et mon besoin de remettre ma vie entre les mains de Jésus est devenu de plus en plus présent. J'ai finalement répondu à l'appel de l'Évangile, et c'est à l'âge de 16 ans que j'ai demandé à Dieu de devenir le maître de ma vie. C'était le commencement d'une nouvelle vie — quoique ce ne fût pas le début. Dieu était à l'œuvre dans mon cœur depuis un certain temps. Voilà mon expérience de l'appel efficace[1].

Plus tard dans ma marche chrétienne, j'ai découvert un merveilleux trésor appelé Le petit catéchisme de Westminster. Cet ouvrage est une série de 107 questions et réponses qui étudient les enseignements de la Bible[2]. J'aime la définition de l'appel efficace qui s'y retrouve. Prenez quelques minutes pour méditer à ce sujet :

---

1. Je raconte cette histoire plus en détail dans mon livret *What Is True Conversion ?* [Qu'est-ce que la véritable conversion ?], Phillipsburg, NJ, P&R Publishing, 2005.

2. Je vous encourage à ajouter l'étude du petit catéchisme de Westminster à votre liste de choses à faire afin de grandir dans la foi. Le petit catéchisme rédigé par l'Assemblée des théologiens de Westminster. Bruxelles, 1858. Traduit de l'anglais par Louis Durand. (http://books.google.fr/books?id=D7I9AAAAcAAJ&dq=louis%20durand&hl=fr&pg=PP5#v=onepage&q=louis%20durand&f=false).

DEVENIR UN DISCIPLE GRÂCE À L'ÉVANGILE

Qu'est-ce que l'appel efficace ?

L'appel efficace est l'œuvre de l'Esprit de Dieu par laquelle nous convainquant de notre péché et de notre misère, illuminant notre esprit par la connaissance de Christ, et renouvelant notre volonté, il nous persuade et nous rend capables d'embrasser Jésus-Christ, à nous gratuitement offert dans l'Évangile (Le petit catéchisme n° 31).

Le résultat final de l'appel efficace du Saint-Esprit est que nous « [entrons] en relation avec Jésus-Christ, ce qui est rendu possible grâce à l'Évangile ». C'est une merveilleuse façon de décrire ce qui est souvent appelé la conversion. La prochaine leçon se portera essentiellement sur ce sujet important. Il est primordial de comprendre qu'avoir une relation avec Jésus est un don offert grâce à l'œuvre du Saint-Esprit. Par des chants et des paroles, nous célébrons souvent l'amour incroyable dont Dieu a fait preuve en envoyant son Fils sur la Terre, et nous avons raison de le faire ! Non seulement Dieu a envoyé son Fils pour nous sauver, mais il a également envoyé son Esprit briser notre cœur de pierre pour donner la vie à notre esprit.

Avez-vous réfléchi à l'œuvre du Saint-Esprit dans votre vie avant votre conversion ? C'est un tout nouveau concept pour plusieurs d'entre vous, même pour ceux qui ont cru par le passé. Il est mystérieux, mais extrêmement réconfortant de réaliser que Dieu nous cherchait et nous appelait bien avant que nous voulions le trouver. Il n'est donc pas étonnant que plusieurs aient déclaré qu'il était impossible de lui échapper malgré leur esprit de rébellion.

IL FAUT QUE VOUS NAISSIEZ DE NOUVEAU

Jésus parle de la vérité de l'appel efficace de Dieu d'une façon très familière : naître de nouveau. C'est également une expression très répandue pour désigner les chrétiens sérieux dans la foi, ils

Pour en savoir plus

Qu'est-il advenu du « libre arbitre » ?

C'est une excellente question. Réfléchissez-y ! Le libre arbitre existe-t-il vraiment ? Des théories évolutionnistes et scientifiques ainsi que plusieurs branches de la psychologie déclarent que nos choix ne sont que le résultat de l'équation entre nos gènes et la chimie de notre cerveau. Il serait peut-être plus pertinent de nous demander pourquoi nous nous servons toujours de notre « libre arbitre » pour prouver notre autonomie. Nous voulons à tout prix être libres. Même lorsque nous déclarons croire en Dieu, c'est pour la raison qu'il répond à nos besoins. Ainsi, selon différents points de vue, il est raisonnable de déduire que ce concept du libre arbitre tire davantage du mythe que de la réalité. La Bible enseigne que Dieu nous a créés avec un libre arbitre, mais comme êtres déchus, nous sommes maintenant esclaves de nos passions et de nos désirs égocentriques (souvenez-vous de la grande histoire de la création et de la chute). Il semblerait donc qu'un souvenir de ce qu'était la véritable liberté est présent dans notre cœur, mais il nous est impossible de l'expérimenter. La bonne nouvelle est que l'appel de Dieu anéantit l'emprise du péché dans notre vie, nous permettant de nous tourner vers Jésus et d'entrer en relation avec lui. Cela est rendu possible grâce à l'Évangile (Le petit catéchisme no 31), car nous sommes finalement libérés. Jésus a dit : « Si donc le Fils vous affranchit, vous serez réellement libres » (Jn 8.36).

sont « nés de nouveau ». Pouvez-vous être chrétien sans être né de nouveau ? C'est une question à adresser à Jésus lui-même. L'expression « né de nouveau » provient d'une conversation importante entre Jésus et un enseignant juif nommé Nicodème.

 Lecture biblique : Jean 3.1-8

Nicodème a semblé bouleversé lorsque Jésus a déclaré qu'il fallait naître de nouveau pour entrer dans le royaume. À ce moment, il ne pensait qu'à la naissance physique. Je crois que c'est exactement ce que Jésus voulait dire, car il a continué de faire allusion à la naissance physique pour expliquer la naissance spirituelle. Né de nouveau veut également dire « né d'en haut » ou encore « engendré d'en haut ». C'est une référence à l'œuvre du Saint-Esprit dans l'esprit de l'homme (« ce qui est né de l'Esprit est esprit », v. 6). Jésus est catégorique lorsqu'il déclare qu'une personne doit naître de l'Esprit pour entrer dans le royaume de Dieu. Il faut que cela arrive (v. 7), mais ce n'est pas quelque chose que Nicodème est capable de faire ni personne d'ailleurs — c'est le Saint-Esprit qui doit le faire en nous.

Ce concept est mystérieux, tout comme le vent qui souffle où il veut (v. 8). Comment pourrions-nous vraiment comprendre l'œuvre de Dieu dans le cœur humain ? Nous connaissons le résultat : par la foi, l'action du Saint-Esprit nous place dans la présence de Jésus-Christ, le Fils de Dieu. C'est la raison pour laquelle Jésus a dit à Nicodème un peu plus tard dans la discussion : « Car Dieu a tant aimé le monde qu'il a donné son Fils unique, afin que quiconque croit en lui ne périsse point, mais qu'il ait la vie éternelle » (3.16).

Ce que je viens de décrire est appelé régénération par les théologiens. C'est un mot important, et vous devez savoir qu'il fait référence au travail du Saint-Esprit pour générer une nouvelle vie dans la vie de celui qui est mort spirituellement (c'est donc une vie régénérée). C'est un autre mot pour parler de la nouvelle naissance.

L'APPEL AU SALUT ET L'APPEL À DEVENIR UN DISCIPLE

Dans une lettre écrite à Tite (un vrai Tite, et non le Tite de ce livre), Paul a exprimé cette idée ainsi : « le bain de la régénération et le renouvellement du Saint-Esprit » (Tite 3.5).

Il y a plusieurs années, j'ai dessiné sur une ligne du temps une représentation de la naissance physique et une représentation de la naissance spirituelle. Cette ligne du temps s'appelle dorénavant, la ligne du temps de la naissance spirituelle[3]. Prenez quelques minutes pour étudier le diagramme suivant, qui sert à comparer les deux naissances.

Figure 3. Ligne du temps de la naissance physique et spirituelle

NAISSANCE PHYSIQUE

LA NAISSANCE SPIRITUELLE ET LA RÉGÉNÉRATION

Le haut du diagramme représente le processus de la naissance physique, de la conception jusqu'à l'accouchement. Après la « naissance », le nouveau-né continue de grandir, mais dorénavant, il mange et respire de lui-même. Le mystère de l'œuvre régénératrice

---

3. Ce concept est expliqué en détail dans mon livre *Spiritual Birthline : Understanding How We Experience the New Birth* [La ligne du temps spirituelle : comprendre notre expérience de la nouvelle naissance], Wheaton, IL, Crossway Books, 2006.

de Dieu est semblable. Il est important de se rappeler qu'au moment où nous crions, que ce soit par la prière ou la confession (conversion), c'est une réaction à l'appel efficace de Dieu. Les gens ont tendance à s'imaginer que leur conversion représente le début de leur vie spirituelle. Cependant, ce diagramme nous rappelle que la nouvelle naissance est un processus, et que la conversion est une réponse à l'appel de Dieu. Beaucoup ont trouvé cette illustration très utile pour comprendre leur propre appel au salut ainsi que l'œuvre de l'Esprit de Dieu dans la vie des autres.

 Temps de réflexion

Réfléchissez encore aux effets passés ou présents de l'appel efficace de Dieu dans votre propre vie. Écrivez vos réflexions dans votre journal ou partagez-les avec votre groupe. Pouvez-vous décrire votre marche chrétienne à partir de la ligne du temps de votre naissance spirituelle ? Avez-vous passé le point représenté par le X dans le diagramme ? Si vous avez répondu non, avez-vous l'impression que le Saint-Esprit vous pousse à devenir un enfant de Dieu ?

Résumé du chapitre 5

L'appel au salut est l'appel à devenir un disciple. C'est le temps de réfléchir sérieusement à l'appel de Dieu dans votre vie.

Comment fonctionne l'appel ?
- L'appel de l'Évangile est proclamé.
- Le Saint-Esprit donne vie aux paroles de l'Évangile.
- Ceux qui sont appelés trouvent la puissance et la sagesse en Jésus.

L'appel efficace :
- Lorsque Dieu appelle, nous voici !
- Qu'est-ce que l'appel efficace ? »
  (Le petit catéchisme no 31)

Il faut que vous naissiez de nouveau :
- Jésus explique la régénération : naître par le Saint-Esprit.
- La ligne du temps de la naissance spirituelle, comparaison de la naissance physique et de la naissance spirituelle.

Vos devoirs

1. **Continuez de lire la Bible régulièrement.** Terminer votre lecture de l'Évangile selon Jean. Ce livre a été écrit afin de vous aider à croire en Jésus en tant que Fils de Dieu. Il complète également le portrait de Jésus que Marc a dressé. Si vous avez le temps, lisez également la lettre de Paul aux Colossiens. C'est une lettre courte qui a l'Évangile comme fondement et qui sert à démontrer qu'en Christ se trouve tout ce dont nous avons besoin.

2. **Continuez d'apprendre à prier en utilisant la prière du Seigneur.** Apprenez-vous à prendre le temps dans votre journée ou votre semaine pour être tranquille dans la présence de Dieu ? C'est un temps pour lire, pour prier, pour écrire dans votre journal et pour méditer sur les leçons que vous apprenez au sujet de la vie d'un disciple de Jésus.

3. **Demandez à une personne de vous raconter son parcours.** Gardez en tête le diagramme de la naissance physique et spirituelle et souvenez-vous que placer sa foi en Jésus ressemble davantage à un pèlerinage qu'à un événement. Demandez-le à une personne qui ne fait pas

partie de votre groupe — peut-être à une personne de votre Église, de votre travail ou de votre famille. Faites-lui part des choses que vous avez apprises, puis informez-vous sur son passé et sur ces convictions aujourd'hui. Commencez par demander à Dieu qui est la bonne personne à qui parler. Apprenez à écouter respectueusement l'autre personne.

CHAPITRE 6

La conversion

LA GRANDE HISTOIRE de la conversion dans le Nouveau Testament est celle de la rencontre de Saul avec Jésus sur le chemin entre Jérusalem et Damas. Il a été jeté en bas de son cheval et il a entendu Jésus l'appeler par son nom. C'est à ce moment-là que sa vie a pris une tournure complètement différente. Il a commencé à suivre le même Jésus contre qui il se dressait auparavant. Le changement était si radical que même son nom a été changé, et nous le connaissons sous le nom de l'apôtre Paul. C'est une histoire vraie remarquable. Cependant, devrait-elle servir de modèle pour toutes les conversions à Christ, comme certains le supposent ? Que penser des millions de personnes qui ont, depuis ce temps, répondu à l'appel sans expérimenter la même chose ?

UN BILAN

Repensez à la première leçon, celle où nous avons étudié « le commencement de l'Évangile » dans Marc 1. Nous avons été présentés à Jésus, le Messie et le Fils de Dieu. Toutefois, avant d'en apprendre davantage sur Jésus, nous avons été appelés à nous repentir, à croire en l'Évangile et à le suivre. Ainsi, il avait été prévu, dès le début de l'Évangile, que nous allions répondre à l'appel de l'Évangile, et cela en faisait intégralement partie. Nous avons appris que c'est par la puissance du Saint-Esprit que nous pouvons répondre à l'appel efficace. Dieu est à l'œuvre, et par son œuvre, « il nous persuade et nous rend capables d'embrasser Jésus-Christ », ce qui est rendu possible grâce à l'Évangile (Le petit catéchisme n° 31). Puisque le Saint-Esprit est à l'œuvre, nous répondons. Dans la première leçon, j'ai expliqué que la repentance, la foi en l'Évangile et la décision de suivre Jésus sont ce qu'on appelle la *conversion*.

L'idée principale de la conversion est un changement, un tournant. Nous devons entrer en relation avec Jésus, ce qui est rendu possible grâce à l'Évangile. Pour ce faire, nous devons changer de direction. Jésus ne se trouve pas sur le sentier que nous suivons en tant que pécheurs. Comme je l'ai dit dans la première leçon, nous ne pouvons pas *ajouter* Jésus dans notre vie ; nous devons nous *tourner* vers lui. Voilà ce qu'est la conversion.

Pour expliquer la conversion, j'ai parlé de deux murs parallèles. Le premier mur représente la vie sans Dieu. Pour certains, ce sentier est synonyme d'une vie très dure et malfaisante ainsi que de comportements blessants contre eux-mêmes et les autres. Pour d'autres, ce sentier représente peut-être une « bonne » vie, où les relations sont bonnes, la famille est unie et parfois même la religion ou la spiritualité est présente. Néanmoins, c'est toujours une vie centrée sur les besoins et les désirs d'une personne. Le mur opposé représente Jésus et le pardon des péchés ainsi que la vie éternelle qu'il offre. C'est de cette direction que provient l'appel de l'Évangile. Pour répondre à l'Évangile et y croire, nous devons nous retourner — c'est la *repentance*. Lorsque nous nous retournons, nos bras sont tendus vers Jésus par la *foi*.

Figure 4. Conversion, repentance et foi

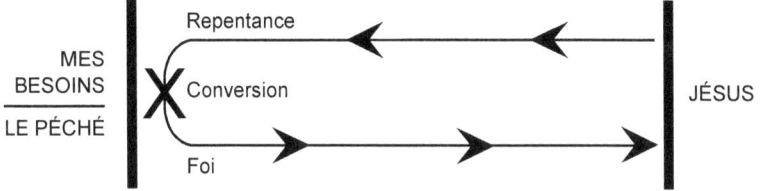

DES EXPÉRIENCES DE CONVERSION

La repentance et la foi sont les deux éléments de base de la conversion. C'est un concept plus facile à représenter à l'aide d'un diagramme qu'à expérimenter. Allez jeter un œil sur le diagramme de la ligne du temps de la dernière leçon (p. 97). Dans la ligne du temps, j'ai représenté la conversion par un X. Comme pour un enfant qui est conçu et qui grandit jusqu'à ce qu'il vienne au monde et crie, l'œuvre du Saint-Esprit amène ceux qui sont efficacement appelés à la conversion et à une nouvelle vie avec Christ. Cependant, si vous regardez attentivement le X, vous constaterez qu'il a été dessiné à l'aide de pointillés. Ces pointillés représentent le fait que, bien que la conversion à Christ soit nécessaire, l'expérience de la conversion n'est pas la même pour tout le monde. J'ai appris cette vérité en demandant à de nombreuses personnes qui placent leur confiance uniquement en Christ de me décrire l'expérience de leur propre conversion. Certains l'avaient vécue comme un enfant qui, après être venu au monde, crie de douleur à cause du péché et crie de désir pour Jésus et son salut. Ils peuvent même vous dire le jour, et parfois l'heure, de leur conversion. Ce sont de belles histoires, souvent même spectaculaires, tout comme l'histoire de la conversion de Paul. Cependant, lorsque nous n'entendons que ce genre d'histoire de conversion, on peut facilement s'imaginer que toute conversion se déroule de façon spectaculaire. « Quand as-tu été sauvé ? » est une question souvent posée par les chrétiens, qui ont souvent des attentes par rapport à la réponse de l'autre.

Pourtant, d'autres se convertissent après une série d'événements ou peut-être à la suite de rien du tout. J'en ai vu plusieurs qui ont été tranquillement attirés à Christ, et lorsqu'ils y pensent, ils n'arrivent pas à dire le moment précis où ils se sont retournés. Plusieurs n'ont pas fait la populaire « prière de repentance » pour obtenir le salut, mais ils savent qu'ils ont été transformés. Les gens comprennent mieux ce concept lorsque je dessine le diagramme des deux murs et que je représente le tournant entre les deux comme étant un tournant très large. Lorsque je suis dans une classe, je fais le tour de la pièce ou des bureaux en expliquant l'œuvre du Saint-Esprit tout en me détournant tranquillement du mur auquel je fais face pour me tourner vers le mur opposé. Après un court instant, les gens se demandent ce que je suis en train de faire, et c'est alors qu'ils constatent que je me suis mis à marcher dans la direction opposée. Se détourner du péché pour se tourner vers Christ est une véritable conversion, mais quand le tournant est très large, il est difficile de décrire *le moment* où nous avons exécuté cette manœuvre. Plusieurs m'ont dit que cette explication décrit très bien leur expérience de conversion.

La raison pour laquelle je m'attarde sur ce sujet est pour qu'on se rappelle que la vraie conversion à Christ ne peut être définie par un type d'expérience en particulier. Si vous n'êtes pas certain de vous être converti, vous ne devriez pas rechercher une expérience — vous devez regarder à Jésus et prier pour avoir foi et confiance en lui seul. En réalité, une expérience en soi peut être une simple émotion ou une simple expérience humaine. Les exemples de personnes qui n'ont pris qu'un genre d'« engagement » mental, mais qui ne savent rien de l'œuvre transformatrice de l'Esprit sont beaucoup trop nombreux. Ce n'est pas une véritable conversion à Christ.

Figure 5. Le long processus de la conversion

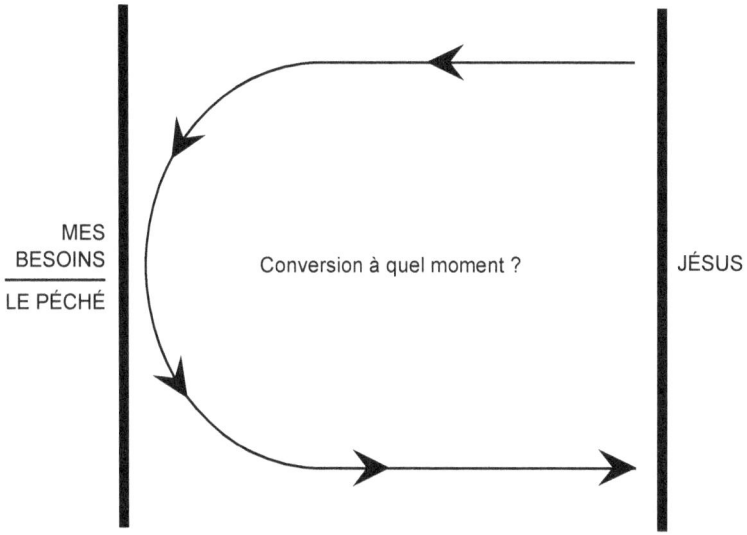

Pour la plupart des disciples de l'Église primitive, le « moment » définitif de leur conversion était leur confession de foi publique et leur baptême. Cette réalité est encore présente aux endroits où l'Évangile ne fait que commencer à être prêché. Mais même à des endroits comme les États-Unis, où le baptême n'est qu'une formalité, il est très important de confesser publiquement sa foi, même si vous avez déjà été baptisé plus tôt dans votre vie. Paul a dit aux Romains : « Car c'est en croyant du cœur qu'on parvient à la justice, et c'est en confessant de la bouche qu'on parvient au salut » (Ro 10.10). Dieu connaît notre cœur, mais nous devons exprimer ce qui s'y trouve afin de nous aider nous-mêmes ainsi que les autres à grandir dans la foi.

Pour en savoir plus

Certains proviennent de familles qui suivaient déjà Jésus. Doivent-ils se convertir eux aussi ?

Lorsque les disciples de Jésus se marient, ils se marient entre eux. Les couples ainsi formés constituent des familles qui suivent Jésus. Quand Dieu leur donne des enfants, ils les élèvent « en les corrigeant et en les instruisant selon le Seigneur » (Ép 6.4). Comment donc ces enfants peuvent-ils en arriver à se repentir et à croire en l'Évangile s'ils ont toujours vécu ainsi ? Certains d'entre vous se posent actuellement la question pour eux-mêmes et pour leurs enfants. La réponse est : « Oui, les enfants élevés comme des disciples de Jésus doivent se convertir », mais ils n'auront probablement pas la même *expérience* de conversion que les autres. Vous devez vous repentir de vos péchés et croire en l'Évangile, mais cela peut se produire de façon très naturelle à cause de la famille dans laquelle vous êtes. Encore une fois, le défi est de ne pas se concentrer sur un type d'expérience en particulier, mais sur la direction que vous empruntez pour votre vie[1].

---

1. Le chapitre 13 de mon livre *Spiritual Birthline : Understanding How We Experience the New Birth* [La ligne du temps spirituelle : comprendre notre expérience de la nouvelle naissance], Wheaton, IL, Crossway Books, 2006, offre plus de détails au sujet de la conversion des enfants de familles chrétiennes. J'y raconte le cheminement spirituel de mes quatre enfants. J'ai également rédigé un livret sur le sujet : *How Our Children Come to Faith* [Comment nos enfants viennent à la foi], Philipsburg, NJ, P&R Publishing, 2006.

LE TEST DE LA VÉRITABLE CONVERSION — SUIVRE JÉSUS

Il est clair que l'appel de Jésus implique de le suivre. Ce ne devrait pas être considéré comme la troisième étape à franchir — dès que nous croyons, nous le suivons. Suivre Jésus comme disciple est la suite logique à croire en l'Évangile. Lorsque nous nous retournons vers Lui, ce n'est pas pour prendre une « décision pour Jésus », comme si nous passions au vote. Nous nous tournons pour suivre Jésus — c'est une nouvelle vie, un nouveau sentier. J'espère qu'il est clair maintenant que, d'un point de vue biblique, une personne croyant en Jésus est une personne qui suit Jésus. Si vous vous êtes converti, vous êtes un disciple ; si vous n'êtes pas un disciple, vous ne croyez pas. Bien entendu, vous devez croître en tant que disciple, et il y a tellement plus à apprendre au sujet de celui que vous suivez. Vous traverserez des temps de découragement, de doute et même de souffrance. Néanmoins, la personne qui est convertie à Christ le suivra — ce n'est pas qu'elle *devra le suivre*, elle *le suivra*.

ÊTES-VOUS CONVERTIS ?

Il serait important de vous arrêter ici et de bien réfléchir avant de répondre à cette question. Il y a plusieurs réponses possibles. Vous n'êtes peut-être pas encore capable de dire avec assurance : « Oui, je suis converti ». Mais vous savez que vous *voulez* l'être. N'essayez pas de répondre à cette question en vous basant sur le sentiment que vous avez atteint un certain niveau de performance en tant que disciple. Vous *pouvez* répondre : « Oui, je crois que je suis converti » si c'est parce que vous faites confiance à Jésus pour votre salut et *cherchez* à le suivre. Pour la plupart d'entre nous, il faut suivre Jésus pendant un certain temps avant de pouvoir nous retourner et reconnaître qu'il y a bel et bien eu un tournant dans notre vie. C'est une autre raison pour laquelle votre participation au sein d'une communauté de croyants est extrêmement importante — nous confessons notre foi, nos péchés et nos besoins les uns aux autres, nous prions les uns pour les autres et nous suivons Jésus tous ensemble.

Vous pouvez également répondre à cette question par « Non. » Cette réponse peut vouloir dire « non, je ne suis pas *encore* prêt à suivre Jésus », ou bien, « non, je sais maintenant que ce n'est pas ce que je veux. Je suis content d'avoir pris le temps d'y penser, mais je ne suivrai pas Jésus. » Si vous décidez de partir ainsi, sachez que Jésus vous aime, mais qu'il vous laissera emprunter la route que vous voulez.

 Lecture biblique : Marc 10.17-27

Ce passage raconte l'histoire du « jeune homme riche ». C'est un homme qui s'est retrouvé face à Jésus et qui a entendu l'appel « Suis-moi », mais qui a préféré poursuivre sa route. Je me suis souvent demandé comment avait fini cette histoire. Je me dis qu'après avoir goûté à l'amour de Jésus comme l'a fait ce jeune homme, rien ne serait jamais comme avant. Qu'en pensez-vous ? Je l'imagine revenir au pied de Jésus pour s'abandonner à lui totalement. Bien entendu, la Bible ne le dit pas ; elle rapporte seulement qu'il s'est éloigné — qu'il était triste, mais, que finalement, il accordait plus de valeur à ses biens qu'à Jésus.

Les disciples étaient sous le choc alors qu'ils regardaient l'homme repartir. Ils avaient raison de se demander : « Et qui peut être sauvé ? » (v. 26), car si ce ne sont pas les richesses, ce sera autre chose qui nous empêchera de suivre Jésus. La réponse finale est que Dieu lui-même doit nous transformer pour que nous puissions nous tourner vers Jésus et nous convertir.

LA CONVERSION

LA RÉGÉNÉRATION ET LA CONVERSION

Lorsque Jésus a dit à ses disciples « cela est impossible aux hommes, mais non à Dieu » (Mc 10.27), il disait que l'homme ne pouvait par trouver le salut ou être véritablement converti par ses propres efforts. Vous réalisez à quel point il dit vrai lorsque vous examinez votre propre cœur et votre détermination à aller dans la direction que vous voulez. Vous connaissez également cette vérité à cause de notre étude sur l'appel efficace et la régénération. Rien n'est impossible à Dieu : il donne la vie spirituelle à ceux qui sont morts. Une image de la régénération est la naissance. Jésus a enseigné au sujet du fait de naître de nouveau, ou de naître de l'Esprit, comme nous l'avons lu dans Jean 3. Maintenant, lisez au sujet d'une autre image de la régénération que Paul a utilisée dans ses enseignements : la résurrection des morts.

 Lecture biblique : Éphésiens 2.1-10

Dans Éphésiens 1.19, Paul prie pour que nous connaissions la puissance que nous avons en Christ. Il explique ensuite que la même puissance qui a ressuscité Jésus des morts nous a aussi ressuscités de la mort causée par nos offenses et de nos péchés (2.1-4). Pouvez-vous y croire ? Dieu nous a ressuscité des morts et nous a rendus « vivants avec Christ » (v. 5) par cette même puissance qui a ressuscité Jésus. Pourquoi Dieu ferait-il une chose aussi merveilleuse ? La réponse que nous offre ce passage est que Dieu, « qui est riche en miséricorde » (v. 4), l'a fait « par grâce » (v. 5). En d'autres mots, nous n'avons rien fait pour mériter cette nouvelle vie, ce cadeau qui est destiné à manifester la grâce glorieuse de Dieu dans les siècles à venir (v. 7).

La description du salut retrouvée dans ces versets est importante, car elle nous prépare à la prochaine leçon. Nous avons été sauvés par grâce, par le moyen de la foi (2.8). Ce n'est pas la foi qui nous sauve, mais la grâce (l'œuvre de Dieu), nous répondons à cette grâce par la foi (nous croyons ce que Dieu nous a dit). Même la foi ne vient pas de nous ; « c'est le don de Dieu » (v. 8). Notre salut n'a rien à voir avec les œuvres, personne ne peut se vanter d'avoir fait la moindre chose pour obtenir le salut (v. 9).

Éphésiens 2.8,9 est un passage très populaire pour l'enseignement du salut par la grâce, par le moyen de la foi. Malheureusement, beaucoup s'arrêtent sans lire l'idée dans son ensemble, qui inclut le verset 10. Ce verset nous enseigne non seulement que notre salut (nous devenons une nouvelle créature, qui est une autre image de la régénération) est avant tout l'œuvre de Dieu, mais ceux qui sont sauvés ont « été créés en Jésus-Christ pour de bonnes œuvres ». La nouvelle vie que nous avons reçue vient avec un nouveau but — nous suivons Jésus dans une vie de service pour la gloire de Dieu.

LA FOI ET LA REPENTANCE

Si le fruit de la régénération et de la conversion pouvait être résumé en un seul mot, ce serait le mot *foi*. Un meilleur terme serait la *foi repentante*. Ainsi, la repentance et la foi seront toujours présentes dans notre marche chrétienne. Jack Miller a écrit : « Ce qui s'applique au premier tournant (la conversion) du pécheur vers le Seigneur doit continuer de s'appliquer pendant toute sa vie chrétienne. Le cœur doit se convertir à Dieu tous les jours (Co 2.6). Plus votre repentance est profonde, plus il y a de la place dans votre cœur pour que s'y déversent les fleuves d'eau vive[2]. » Dans la première de ses 95 thèses, Martin Luther a dit : « Notre Maître et Seigneur Jésus-Christ a voulu que la vie entière des fidèles fût une pénitence[3]. »

---

2. Jack Miller, *Repentance*, CLC Publications, Fort Washington, PA, p. 47.

3. Tiré d'un article court et pratique de Dr Tim Keller intitulé « All of Life Is Repentance » [Tout est repentance]. http://download.redeemer.com/pdf/learn/resources/All_of_Life_Is_Repentance-Keller.pdf (en anglais seulement).

LA CONVERSION

Au chapitre 4, nous avons commencé à regarder la lettre que Paul a écrite à l'Église de Rome pour en apprendre plus sur l'Évangile. Toutefois, Paul a écrit cette lettre pour enseigner l'Évangile à ceux qui y croyaient déjà. Il s'adressait à des personnes qui avaient placé leur foi en Jésus Christ leur Seigneur. C'est pourquoi nous avons pris le temps d'étudier le processus qui mène les gens à avoir une telle foi. J'espère que cela vous a aidé à comprendre encore mieux votre propre cheminement vers la foi.

Il est maintenant temps d'étudier là où nous mène la foi. Nous avons particulièrement besoin de comprendre la phrase « le juste vivra par la foi » (Ro 1.17).

Résumé du chapitre 6

La conversion de Saul est un événement marquant, mais ce n'est pas le cas de toutes les conversions.

Survol de l'enseignement de Jésus sur la conversion :
- Nous devons nous repentir et croire en l'Évangile — nous devons répondre à l'appel de Jésus.
- Il faut se détourner du péché pour entrer en relation avec Jésus — la repentance et la foi.

Toutefois, l'expérience de la conversion n'est pas la même pour tous :
- Le X sur la ligne du temps de la naissance spirituelle est marqué à l'aide de pointillés.
- Ne jugez pas votre conversion selon une expérience.

Le test de la véritable conversion — suivre Jésus :
- On ne devient pas un disciple après avoir cru : être un disciple et croire est la même chose.

- Un disciple de Jésus suit Jésus, même quand c'est difficile.

Êtes-vous converti ? C'est le temps de vous poser cette question difficile.

La régénération et la conversion :
- Dieu est celui qui doit changer le cœur.
- Dieu, qui a ressuscité Jésus des morts, nous ressuscite aussi de la mort dans nos péchés.

La foi et la repentance :
- Le résultat de la régénération et de la conversion, c'est la foi.
- On peut l'appeler la *foi repentante*, car la repentance et la foi doivent caractériser notre marche avec Jésus.
- Nous avons maintenant besoin de comprendre la signification de la *foi* dans la lettre aux Romains.

Vos devoirs

1. **Réécrivez votre autobiographie spirituelle.** Qu'avez-vous appris sur votre propre conversion au cours de ces leçons ? Essayez de vous concentrer sur ce que Dieu a fait pour vous préparer à croire en l'Évangile plutôt que sur vos expériences. Essayez d'interpréter votre conversion aujourd'hui — souvenez-vous que ça ne veut pas nécessairement dire de décrire une expérience en particulier. Qu'avez-vous appris en discutant avec d'autres personnes au sujet de leur parcours ?

2. **Continuez à lire régulièrement la Bible.** Préparez-vous pour la prochaine leçon en lisant attentivement Romains 1

à 5. Remarquez le nombre de fois où Paul cite des passages de l'Ancien Testament. Dans certaines traductions, l'origine des citations est donnée dans les notes de bas de page. Essayez de retrouver ces passages dans l'Ancien Testament pour les lire dans leur contexte d'origine. Essayez aussi de lire quelques Psaumes. Le livre des Psaumes est le livre de cantiques de la Bible. Il est rempli d'hymnes et de poèmes de toutes sortes qui aident à exprimer nos sentiments envers Dieu.

3. **Continuez de prier et d'écrire dans votre journal.** Utilisez-vous toujours la prière du Seigneur ? C'est une façon de prier qui vous sera toujours utile, mais vous trouverez peut-être aussi d'autres guides qui vous aideront tout autant. Dieu veut notre cœur, et non une formule apprise par cœur. Priez-vous en groupe ? Si vous êtes mariés, apprenez-vous à prier avec votre époux ou votre épouse ? Et avec votre famille ? En tant que disciples, nous avons la responsabilité d'emmener notre famille à suivre Jésus.

4. **Avez-vous confessé publiquement votre foi et avez-vous rejoint une communauté de chrétiens dans une Église locale ?** J'espère que cette étude vous a conduit à le faire si vous ne l'aviez pas déjà fait. Qui pourrait vous aider à franchir cette étape importante ? Vous êtes destiné à voguer à la dérive dans votre vie de disciple si vous ne vous entourez pas d'autres chrétiens qui pourront vous accompagner et avec qui vous pourrez servir.

LES ÉTAPES DE LA MARCHE CHRÉTIENNE

Première étape : connaître l'Évangile

Deuxième étape : connaître ce qui nous a conduits vers l'Évangile

✗ **Troisième étape : connaître les avantages de croire en l'Évangile (les doctrines de l'Évangile)**

Quatrième étape : mener une vie qui jaillit de l'Évangile (obéir à l'Évangile)

CHAPITRE 7

Un nouveau dossier : la justification

LORSQUE J'ENSEIGNE au sujet de l'Évangile, je commence souvent en demandant aux gens quel pourcentage de l'Évangile ils comprenaient au moment de se convertir ou lors de leur premier réveil. La question fait généralement sourire les gens, puis nous avons une bonne discussion au sujet du *peu* que les gens comprenaient au sujet de ce que Dieu avait fait pour eux.

Comment répondriez-vous à cette question ? Bien entendu, la réponse est différente pour chacun d'entre nous, tout dépend de notre passé. Si vous êtes un nouveau disciple, comme Tite, il y a beaucoup à apprendre. Si vous êtes un disciple renouvelé, vous avez appris des choses par le passé, mais vous devez quand même vous assurer que votre base est solide. Vous découvrirez peut-être que certaines des choses que vous croyez ont besoin d'être rectifiées. Vous pourriez également être passé de l'Évangile de Jésus-Christ à l'évangile du salut par les œuvres et du légalisme[1]. L'une des

---

1. Paul a écrit l'épître aux Galates afin d'essayer de corriger ce problème. Dieu s'est servi à maintes reprises de l'étude de cette épître pour ramener son Église à l'Évangile.

raisons pour lesquelles les disciples ont « une panne d'essence » et se découragent est qu'ils essaient de servir Jésus sans vraiment comprendre ce qu'il a fait pour eux. Ainsi, cela nous mène à la troisième étape de la marche chrétienne, le sujet principal de l'épître aux Romains. Remarquez de quelle façon chaque étape introduit la suivante :

- **La première étape** est de connaître l'histoire de l'Évangile. Nous devons rester centrés sur Jésus, le Messie et le Fils de Dieu. Marc, ainsi que les trois autres évangiles (Matthieu, Luc et Jean), a été écrit pour présenter Jésus à ceux qui cherchent et aux nouveaux croyants[2]. Notre foi est enracinée en l'homme qui a vécu, qui est mort, et qui est ressuscité des morts. *L'Évangile est une histoire vraie.*

- **La deuxième étape** est de reconnaître que c'est par la puissance du Saint-Esprit que nous en sommes venus à croire en l'Évangile. L'histoire de l'Évangile est vraie, et c'est également une histoire qui change notre vie à jamais. *L'Évangile est la puissance de Dieu pour le salut de quiconque croit.*

- **La troisième étape** est d'approfondir l'Évangile pour découvrir la justice que Dieu nous a donnée en Christ. Il est possible de croire en l'Évangile sans saisir tous les bienfaits qui nous sont donnés en Christ, mais nous serons faibles et désespérés jusqu'à ce que nous les saisissions par la foi. C'est la raison pour laquelle Paul a écrit la lettre aux Romains. *L'Évangile révèle la justice de Dieu qui nous est donnée par et pour la foi.*

---

2. L'annexe 2 renferme une série de lectures tirées des quatre évangiles et du livre des Actes qui vous donnera un bon aperçu de la vie et du ministère de Jésus. Utilisez-les pour méditer sur la vie de Jésus. Les passages sont assez brefs pour les lire en famille.

- **La quatrième étape** est d'obéir par la foi. La puissance de l'Évangile qui transforme le croyant se révèle dans une vie différente. À présent, nous marchons sur un sentier qui nous mène à aimer Dieu, à aimer notre prochain et à aimer nos frères et sœurs en Christ. *L'Évangile change tout.*

COURAGE — VOUS ÊTES PIRES QUE VOUS LE CROYEZ

Jack Miller, que vous avez rencontré au chapitre 4, commencerait par dire à quel point les croyants tout comme les non-croyants ont besoin de l'Évangile, car ils sont tous pécheurs. Il marquerait ensuite une pause avant d'ajouter, avec une étincelle dans les yeux : « Mais courage — vous êtes pires que vous le croyez ! » Il a tout à fait raison. Nous ne pouvons pas nous imaginer à quel point nous sommes pécheurs. C'est la *mauvaise nouvelle* soulignée par Paul dans sa lettre aux Romains.

Prenez votre Bible et tournez dans l'épître aux Romains. Lisez Romains 1.17 encore une fois. C'est le verset clé du livre. Il enseigne que l'Évangile révèle la justice de Dieu, une justice révélée par la foi. C'est là où nous nous sommes arrêtés au chapitre 4, en nous demandant comment l'Évangile, en révélant la justice de Dieu, pourrait être une bonne nouvelle pour des personnes *in*justes. Avant de répondre à cette question, Paul s'assure que nous comprenions à quel point nous sommes injustes — nous sommes réellement pires que nous le croyons.

 Lecture biblique : Romains 1.18-32 ; 3.9-20

Tout comme le verset 17, le verset 18 de Romains 1 parle d'une chose qui se révèle. Ici, c'est la « colère de Dieu » qui est révélée « contre toute impiété et toute injustice des hommes » (les hommes et les femmes, bien entendu) qui se doivent d'agir autrement à cause de tout ce qu'ils connaissent sur Dieu (1.19-21) et à cause de leur conscience (2.14,15). Nous nous attardons souvent sur l'*injustice* de

 Pour en savoir plus

Est-ce ce qu'ils appellent le « péché originel » ?

Oui et non. La Bible enseigne que nous naissons pécheurs depuis qu'Adam et Ève se sont rebellés. (Cela fait partie de la grande histoire qui concerne la chute.) Cette idée a souvent été ridiculisée, mais les gens sont toujours incapables d'expliquer pourquoi toute personne est naturellement portée à faire le mal. On entend donc souvent parler du « côté sombre » en chacun, ou bien on tente de prouver qu'on est meilleur que les autres en pointant du doigt des méchants comme Adolph Hitler ou Oussama ben Laden. Le mot péché semble radioactif — personne ne veut y toucher. Pourtant, la Bible est très claire : nous péchons, car le péché est enraciné au plus profond de nous, pécheurs. Donc oui, il est question du péché originel. Les enfants naissent rebelles, tous les parents le savent. Le péché fait partie de nous, mais nous péchons par choix. Nous ne pouvons pas affirmer notre « libre arbitre » pour ensuite blâmer Adam, nos gênes ou notre passé. Nous sommes des êtres humains, créés à l'image de Dieu, et il est de notre devoir d'assumer la responsabilité de nos propres pensées, paroles et actions. Nous devrons rendre compte devant Dieu des choix que nous faisons.

la race humaine, car elle est beaucoup plus visible, que ce soit par la violence ou la perversion sexuelle ; mais la racine de l'injustice est l'*impiété*. Lorsque nous nous éloignons de Dieu et de sa loi, les peuples et les sociétés se dépravent.

Il serait très facile pour ceux qui ont essayé de respecter les règles (les dix commandements) d'être de l'avis de Paul lorsqu'il décrit la culture dépravée de l'Ancien Monde. Par conséquent, à partir de Romains 2.1, il porte son attention vers les « bonnes » personnes qui viennent d'une famille juive (s'appliquant aussi bien aux gens « d'Église »). Il cite à répétition des passages de leur Bible (l'Ancien Testament) afin de leur montrer qu'« il n'y a point de juste, pas même un seul » (3.10, en citant Ps 14.1). Bref, que toute bouche, celle du Juif comme celle du païen (connaissant la différence entre le bien et le mal au moyen de leur conscience ou des dix commandements), soit fermée, et que tous soient reconnus coupables devant un Dieu parfaitement juste (3.19). Nous méritons tous sa colère.

LA JUSTICE DE DIEU S'EST FAIT CONNAÎTRE

La mauvaise nouvelle de notre injustice conduit à une bonne nouvelle. Romains 3.21 commence par « Mais maintenant ». Cela annonce un grand changement et c'est alors que Paul commence à expliquer comment un Dieu juste peut accueillir des personnes injustes. La justice que nous n'avons pas se trouve en celui qui est juste — Jésus-Christ.

 Lecture biblique : Romains 3.21-26

Vous êtes déjà au courant de la mort de Jésus grâce à votre lecture de Marc, mais pourquoi est-il mort ? Vous avez peut-être l'idée générale : « Jésus est mort pour moi, » ou « Jésus est mort à cause

Pour en savoir plus

Pourquoi parler de sang, de sacrifice et de colère ? N'avons-nous pas laissé tout cela derrière nous avec l'âge des ténèbres ?

Premièrement, il faut se demander si cette question est basée sur une interprétation juste de ce que Paul a écrit. Nous devons baser nos convictions sur les enseignements de la Bible, et non sur ce qui nous enchante. En fait, cet enseignement concorde avec tous les autres enseignements de Paul et d'autres auteurs inspirés de la Bible. Jésus savait que sa mort allait servir de rançon (Mc 10.45), le prix payé pour la rédemption. Deuxièmement, nous devons nous demander à quel point nous prenons la gravité du péché au sérieux. Nous voyons les dommages qu'il fait dans notre vie et dans le monde autour de nous, mais en quoi cela offense-t-il un Dieu juste ? Le fait de voir le péché ainsi, comme dans Romains 1 à 3, implique qu'une chose radicale doit arriver pour venir à bout du péché. Troisièmement, le besoin de réparer notre péché et nos erreurs ou de payer pour eux est encore bien ancré en nous. Nous savons au plus profond de nous-mêmes que le mal et l'injustice ne peuvent rester impunis. Les gens se donnent beaucoup de mal pour être libérés de leur sentiment de culpabilité. L'Évangile ne nie pas cette réalité, au contraire, elle dirige notre regard sur Jésus, le sacrifice, « l'Agneau de Dieu, qui ôte le péché du monde » (Jn 1.29 ; voir aussi Ap 5).

de mes péchés. » Ces versets importants expliquent exactement ce que veulent dire de telles déclarations. Paul parle du « moyen de la rédemption qui est en Jésus-Christ » (v. 24).

La *rédemption* signifie « acte par lequel on rachète quelque chose ». Le prix du péché est le jugement de Dieu et la mort, mais celui qui a subi ce jugement est Jésus, qui n'a jamais péché. Il a été sacrifié, son sang a coulé, tout comme les sacrifices de l'Ancien Testament. Le mot pour désigner un « sacrifice d'expiation » (v. 25) est un vieux mot, *propitiation*, qui signifie « pour se le rendre propice ». Ainsi, la colère de Dieu contre « toute impiété et toute injustice des hommes » (Ro 1.18) a été déversée sur Jésus ! Voilà pourquoi il s'est écrié sur la croix : « Mon Dieu, mon Dieu, pourquoi m'as-tu abandonné ? » (Mc 15.34.) La souffrance physique abominable que Jésus a subie n'est rien comparativement à l'agonie d'être séparé de Dieu. Remarquez qu'il ne l'a même pas appelé « Père » en cet instant horrible[3].

Le passage explique ensuite que Dieu n'a pas cessé d'être parfaitement juste. Dieu est à la fois « juste tout en nous justifiant » (Ro 3.26) parce que Jésus, celui qui n'a jamais péché, est mort en subissant la condamnation du péché — notre péché, et non le sien.

GRATUITEMENT JUSTIFIÉ PAR LA FOI

Le langage de la justice se trouve dans les mots *justifier* et *justification*. La justice a été accomplie par la mort de Jésus, et ceux qui croient en lui sont « gratuitement justifiés par sa grâce » (Ro 3.24). Dieu est celui qui « *[justifie]* celui qui a la foi en Jésus » (v. 26). La différence entre les efforts pour nous justifier nous-mêmes, par les œuvres ou par l'observation des commandements de Dieu

---

3. C'est une façon de comprendre la phrase « Il est descendu en enfer » du Credo des apôtres. Jésus se trouvait en enfer lorsqu'il subissait la colère de Dieu alors qu'il était sur la croix.

(v. 20,27-31), et la justification par la foi en Jésus-Christ est ainsi mise en évidence. Dans la Bible en français courant, le verset 20 se lit comme suit : « Car personne ne sera reconnu juste aux yeux de Dieu. » « Reconnu juste » est une autre traduction pour « justifié ». Pour éclaircir cette vérité, relisez les versets 24 et 26 du chapitre 3 et remplacez « justifiés » ou « justifiant » par « reconnus juste » ou « rendant justes ».

 Pour en savoir plus

Voici Martin Luther.

Martin Luther est un érudit et un moine qui a vécu en Allemagne dans les années 1500. Il avait la responsabilité d'enseigner l'épître aux Romains à l'université. Lorsqu'il est arrivé à Romains 1.17, il a été plongé dans le désespoir, car il avait lu que même l'Évangile révélait la justice de Dieu. Il avait très peur de Dieu, car peu importe à quel point il s'efforçait de lui obéir, il savait qu'il était encore bien loin de la justice qu'il exigeait de lui. Et si même l'Évangile révélait la justice de Dieu, il ne savait alors plus vers quoi se tourner.

Cependant, alors qu'il préparait ses cours, Luther a commencé à comprendre ce qu'il venait d'étudier — que la justice requise de Dieu se trouve en Jésus, dont la mort a satisfait le désir de justice de Dieu. Ainsi, par la foi, plutôt que de chercher à plaire à Dieu par ses propres et vains efforts, Luther s'en est remis à Jésus de qui dépend entièrement sa vraie valeur aux yeux de Dieu. Après avoir compris la justification, Luther a été touché à un point tel qu'il ne pouvait plus arrêter de proclamer cette bonne nouvelle. Les étudiants venaient en foule écouter ses cours sur l'épître aux Romains. Luther a rapidement demandé à partager ces nouvelles révélations au grand public. Le 31 octobre 1517, il a épinglé une liste de 99 propositions ou *thèses* dont il voulait discuter sur la porte de l'église. Cette date est souvent utilisée pour marquer le début de la réforme protestante à cause de ce qui est arrivé après la publication des 99 thèses.

La justification, c'est Dieu qui nous déclare justes, non pas à cause de notre justice, mais à cause de la justice de Jésus et de notre foi en lui. Relisez cette phrase plusieurs fois, et discutez-en dans votre groupe d'étude, si vous en avez un. C'est très, très important. C'est votre justification qui vous permet de vous tenir devant un Dieu juste. C'est un cadeau que nous recevons par la foi. Ainsi, nous avons tout simplement à croire ce que nous venons de lire dans ces versets — que la mort de Jésus-Christ, le Fils de Dieu, a complètement satisfait le jugement qui retombait sur nous à cause de nos péchés. Ce merveilleux enseignement a été enseigné dans l'Église comme la *justification par la foi seule*.

PARDONNÉ ET JUSTIFIÉ

La justification est accompagnée de deux merveilleuses bénédictions pour celui qui croit en Jésus. Premièrement, ses péchés sont pardonnés ; et deuxièmement, il est déclaré juste aux yeux de Dieu.

Le pardon des péchés implique que toutes nos offenses envers Dieu, y compris notre nature pécheresse, sont pardonnées. La dette a été entièrement acquittée. Pour ainsi dire, nos fautes ont été « effacées de tous les registres », nos péchés sont oubliés. Nous sommes pardonnés, non seulement parce que Dieu est plein d'amour et de miséricorde, mais aussi parce que la dette de nos péchés a été payée. Même lorsque nous confessons les péchés que nous commettons encore, nous faisons appel à ce que Christ a fait pour nous par sa mort sur la croix.

La plupart des gens comprennent le cadeau du pardon des péchés, mais ils passent souvent à côté de l'autre partie de la justification. *Être justifié* signifie qu'en plaçant notre foi en Jésus, nous sommes acceptés dans la présence de Dieu en tant que justes. Peu importe comment nous formulons le principe de la justification, l'essentiel est que Dieu nous justifie même si nous sommes pécheurs. Nous ne pouvons rien faire pour devenir justes, mais Dieu nous déclare justes parce que Jésus est juste. Parfois, lors de discussions sur la justification, vous entendrez l'expression *imputé à justice*, qui signifie que la caractéristique d'une personne est attribuée à une autre. Ce concept peut être difficile à saisir, mais en lisant Romains 3 à 5, il devient de plus en plus clair.

Romains 4 explique que la justification par la foi n'est rien de nouveau. Abraham et David ont tous deux été justifiés par la foi. Remarquez bien ce qui est écrit dans Romains 4.3 : « Abraham crut à Dieu, et cela lui fut imputé à justice. » Paul a dit que David enseignait la même chose (4.6).

Comparez le péché à des dettes qui s'accumulent sur une carte de crédit. Augmentant de jour en jour, cette dette est impossible à rembourser. Même si nous essayions, les intérêts de notre dette dépassent largement l'infime montant que nous pourrions remettre. Le concept de la justification nous montre que Dieu ne fait pas que payer cette dette (le pardon des péchés), mais il applique également le crédit infini de la justice de Christ à notre compte. Même les péchés futurs sont couverts par la justice de Christ.

Le petit catéchisme de Westminster, que nous avons étudié pour comprendre l'appel efficace, décrit les *bénéfices* qui sont accordés dans cette vie à ceux qui sont efficacement appelés. Ces bienfaits sont la justification, l'adoption et la sanctification[4].

Voici la réponse du catéchisme à la question « Qu'est-ce que la justification ? » :

La justification est un acte de la libre grâce de Dieu, dans lequel il pardonne tous nos péchés, et nous reçoit comme justes devant ses yeux, uniquement en considération de la justice de Christ, qui nous est imputée, et que nous recevons par la foi seule (Le petit catéchisme n° 33).

UN ENDROIT OÙ NOUS TENIR

Imaginez votre justification par la foi comme une fondation de roc. Si vous vous tenez sur cette fondation, rien ne peut vous ébranler. Dans Romains 5, Paul explique qu'en ayant été justifiés par la foi, nous obtenons la paix *avec* Dieu. Ce n'est pas seulement la paix *de* Dieu ; dorénavant, nous ne sommes plus ses ennemis. Nous lui étions rebelles, mais nous sommes maintenant en paix avec lui. Dans Romains 8.1, il déclare « *[qu'il]* n'y a donc maintenant aucune condamnation pour ceux qui sont en Jésus-Christ ». C'est l'endroit où nous nous tenons, et si la souffrance et la tempête approchent (elles viendront), nous pouvons continuer de nous réjouir, car par la puissance du Saint-Esprit, l'amour de Dieu a été déversé sur nous. C'est le deuxième point de Jack Miller dans ses enseignements « Courage » : « Courage — l'amour de Dieu est bien plus grand que ce que vous pouvez imaginer ! »

Pour terminer ce chapitre très important, lisez Romains 5.1-11 en méditant et en priant à son sujet. Commencez-vous à goûter aux bénédictions incroyables qui vous sont accordées à travers l'Évangile ? J'ai une bonne nouvelle pour vous : il y en a encore plus qui vous attendent !

---

4. Le petit catéchisme n° 32.

Lecture biblique : Romains 5.1-11

Résumé du chapitre 7

Un survol des quatre étapes de la marche chrétienne :
- L'Évangile est une histoire vraie.
- L'Évangile est la puissance de Dieu pour quiconque croit.
- L'Évangile révèle la justice de Dieu qui nous est imputée.
- L'Évangile change tout.

Courage — vous êtes pires que ce que vous croyez ! C'est la mauvaise nouvelle de l'épître aux Romains.

Toutefois, la justice de Dieu nous a été révélée :
- La bonne nouvelle est que la justice dont nous avons besoin se trouve en Jésus.
  - La rédemption par son sang.
  - La propitiation.
  - Dieu est à la fois le juste et celui qui nous justifie.

Justifié par la foi :
- *Justifié* signifie d'être déclaré juste par Dieu.

Deux bénédictions de la justification :
- Le pardon des péchés.
- Être reconnu juste.

Un endroit où se tenir :
- C'est le fondement solide de notre foi.

UN NOUVEAU DOSSIER : LA JUSTIFICATION

Vos devoirs

1. **Continuez de lire régulièrement la Bible.** Préparez-vous à la prochaine leçon en relisant Romains 1 à 5, et en lisant Romains 6 à 8.

2. **Continuez de vous servir de la prière du Seigneur pour apprendre à prier.**

3. **Révisez votre journal ainsi que les leçons.** C'est le temps de vous arrêter et de méditer au sujet de ce que vous avez compris sur la marche chrétienne. L'Évangile veut que nous répondions à l'appel. Savez-vous ce que vous devriez faire pour répondre à l'appel de Jésus ?

CHAPITRE 8

Une nouvelle vie : la sanctification et l'adoption

« QUE DIRONS-NOUS DONC ? Demeurerions-nous dans le péché, afin que la grâce abonde ? » (Ro 6.1.)

Après notre étude sur la justification, c'est une très bonne question à poser. Si Dieu, dans sa grâce, nous déclare justes, même si nous ne le sommes pas, pourquoi ne pas continuer à pécher ? En fait, plus nous péchons, plus la grâce de Dieu se manifeste, non ? Réfléchissez-y bien !

À ce stade de l'étude de l'épître aux Romains, j'aime répondre à cette question avec des énigmes. Voici ce que je dis : « Oui, parce que nous sommes justifiés, nous sommes libres de faire tout ce que nous voulons. » Qu'elle est l'attrape dans cette phrase ? Dans un groupe, cela soulève une petite discussion, et c'est alors que les gens commencent à comprendre, les uns après les autres. Tout est dans le mot *vouloir* : « nous sommes libres de faire tout ce que nous *voulons*. »

C'est vrai, mais lorsque nous comprenons la puissance de l'Évangile, nous réalisons que nous ne voulons plus les mêmes choses.

Tournez dans Romains 6 et voyez comment Paul répond à la question au verset 2. « Loin de là ! Nous qui sommes morts au péché, comment vivrions-nous encore dans le péché ? » Comme nous le verrons dans nos lectures, Paul commence alors à expliquer le bienfait de la *résurrection* pour le croyant. Si nous sommes morts avec Christ, nous sommes aussi ressuscités avec lui dans une vie nouvelle.

Nous sommes prêts à étudier la prochaine partie de Romains, qui commence au chapitre 6. Cette partie est généralement décrite comme un enseignement sur la *sanctification,* même si Paul n'emploie ce mot qu'une seule fois dans ces chapitres. Souvenez-vous du diagramme de la ligne du temps spirituelle (p. 97). À l'aide de ce concept, la sanctification peut être comprise comme la croissance qui suit la conversion, un peu comme la croissance du bébé naissant. L'appel efficace et la sanctification sont deux aspects qui touchent l'œuvre intérieure et mystérieuse du Saint-Esprit dans notre cœur.

 Lecture biblique : Romains 6.1-14

Dans cette lecture, il est important de remarquer que Paul décrit les expériences *présentes* du croyant qui découlent de son union avec le Christ ressuscité. Il veut dire que comme Christ a reçu une vie nouvelle à sa résurrection, « de même nous aussi nous *[marchons]* en nouveauté de vie » (v. 4). Dans les versets 5 et 8, Paul dit que nous *vivrons* avec lui, mais il le dit en tant que vérité définitive, et non comme quelque chose qui se produira dans le futur. (Il y aura une résurrection dans le futur, mais ce n'est pas ce que Paul explique ici.) Regardez encore les versets 10 et 11. Tout comme Jésus est mort et est revenu à la vie, nous devrions nous regarder « comme morts au péché, et comme vivants pour Dieu en Jésus-Christ ».

Pourquoi ce concept est-il aussi important ? Il est important, car Paul tient à clarifier que la nouvelle vie du disciple est bien

UNE NOUVELLE VIE : LA SANCTIFICATION ET L'ADOPTION

plus qu'un appel à collaborer puisque Dieu a contribué à notre justification. Quelque chose s'est produit en nous par le travail du Saint-Esprit, et cela est décrit comme la mort *et* la résurrection en Christ. Le don du salut est à la fois ce que Dieu fait *en nous* et ce qu'il fait *pour nous*.

Regardez à nouveau le passage. Il souligne une vérité que nous connaissons déjà : il y aura de grandes difficultés dans la nouvelle vie que nous sommes appelés à vivre. Il est écrit que nous ne devons plus laisser le péché régner dans notre corps mortel (v. 12,13), mais que nous devons offrir notre corps à Dieu comme « un instrument de justice » (voilà encore une fois le thème de la justice). C'est difficile. Comment pouvons-nous y parvenir ? Ce n'est pas en observant des règles par nos propres forces (la « loi », v. 14), mais à cause de la grâce, nous avons changé — nous sommes ceux qui sont « vivants de morts que *[nous étions]* » (v. 13).

Plus loin dans les chapitres 6 et 7, Paul explique qu'être une nouvelle créature, mort au péché et vivant en Christ, est la base de notre nouvelle marche.

- Dans Romains 6.16-18, Paul explique que vous pouvez mener une vie d'obéissance « qui conduit à la justice », car « ayant été *affranchis* du péché, vous êtes devenus *esclaves* de la justice ».

- Au verset 22, il dit, « maintenant, étant affranchis du péché et devenus esclaves de Dieu, vous avez pour fruit la sainteté [ou *sanctification*] et pour fin la vie éternelle. »

- Dans Romains 7.4-6, Paul dit que nous sommes morts, afin d'appartenir « à un autre, à celui qui est ressuscité des morts », et que « nous avons été dégagés de la loi, étant morts à cette loi sous laquelle nous étions retenus, de sorte que nous servons dans un Esprit nouveau, et non selon la lettre qui a vieilli ».

DEVENIR UN DISCIPLE GRÂCE À L'ÉVANGILE

QUAND JE VEUX FAIRE LE BIEN, LE MAL EST ATTACHÉ À MOI

Cette étude a le potentiel de vous décourager au plus haut point. La beauté de la nouvelle vie en Christ semble si loin de nos soucis quotidiens alors que nous nous efforçons d'être des disciples fidèles. En lisant le compte rendu que fait Paul de ses propres luttes dans Romains 7.14-25, vous constaterez qu'il est très réaliste en ce qui concerne la bataille intérieure du croyant. Une personne née de nouveau possède une nouvelle vie en Christ, mais son ancienne vie est toujours là. La question à poser semble être celle-ci : « Vais-je regarder à mon insuffisance ou à la vérité merveilleuse que j'ai été uni spirituellement au Seigneur Jésus-Christ qui est ressuscité ? » En fin de compte, l'attention que nous accordons à Christ, celui qui se fait connaître par l'Évangile, nous transformera à l'image de Christ[1] (2 Co 3.18). Je crois que c'est la sanctification *par la foi*. « Qui me délivrera de ce corps de mort ? » Voici la réponse à cette question pour celui qui est vivant en Christ : « Grâces soient rendues à Dieu par Jésus-Christ notre Seigneur ! » (Ro 7.25.)

LA JUSTIFICATION (RO 3 – 5) ET LA SANCTIFICATION (RO 6 – 8) : UNIS, MAIS DISTINCTS

Une bonne façon de mieux comprendre ces deux merveilleux bienfaits pour celui qui croit en l'Évangile est de les comparer. Quels sont leurs points communs, et quelles sont leurs différences ?

- La justification et la sanctification sont toutes deux directement liées à l'histoire de l'Évangile :

---

1. Dans 2 Corinthiens 3.18, Paul utilise « transformés » (Ro 12.2) pour décrire ce qui arrive lorsqu'un croyant place Jésus au centre de son cœur et de ses pensées. J'explique ce phénomène au jour 38 de mon livre *Forty Days on the Mountain* [Quarante jours sur la montagne], Wheaton, IL, Crossway Books, 2007.

UNE NOUVELLE VIE : LA SANCTIFICATION ET L'ADOPTION

- ⟩ La justification est particulièrement liée à la crucifixion de Jésus.
- ⟩ La sanctification est particulièrement liée à la résurrection de Jésus.
- La justification et la sanctification traitent toutes deux de la « justice de Dieu » révélée dans l'Évangile (Ro 1.17) :
  - ⟩ La justification, c'est Dieu qui nous *déclare* justes.
  - ⟩ La sanctification, c'est Dieu qui nous *rend* justes.
- La justification et la sanctification viennent toutes deux de la « libre grâce de Dieu[2] » :
  - ⟩ La justification est *l'acte* de la grâce de Dieu (une déclaration).
  - ⟩ La sanctification est *l'œuvre* de la grâce de Dieu (un processus).
- La justification et la sanctification sont toutes deux reçues par la foi :
  - ⟩ Pour la justification, nous croyons la promesse de Dieu que la mort de Christ satisfait sa justice.
  - ⟩ Pour la sanctification, nous croyons la promesse de Dieu que nous sommes unis à Christ dans la mort pour nos péchés et dans la résurrection pour une vie nouvelle.
- La justification et la sanctification ont toutes deux des conséquences pratiques :
  - ⟩ Parce que nous sommes justifiés, nous sommes en paix avec Dieu et nous lui faisons confiance alors que nous persévérons dans la souffrance.

---

2. Le langage du petit catéchisme (n° 33-35).

○ Parce que nous sommes dans le processus de la sanctification, nous sommes capables de vaincre notre péché et de vivre une vie nouvelle.

Voici une vérité qui devrait être claire à présent : le salut implique à la fois la justification et la sanctification (et plus encore, comme nous le verrons). Ne les mélangez pas, car notre espoir est basé sur la justice de Christ qui nous est imputée (justification), et non sur notre progrès dans la sanctification. Ne les séparez pas non plus. Jésus, qui est révélé dans l'Évangile, nous appelle et nous pardonne, mais il est aussi celui qui, par son pouvoir, fait de nous des personnes différentes.

LA SANCTIFICATION — VIVRE SELON L'ESPRIT

Romains 8 est l'un des chapitres les plus remarquables de cette lettre. Je suis persuadé que vous l'avez senti lorsque vous l'avez lu comme devoir. Il traite de la nouvelle vie que nous avons « en Christ ». Cette vie est aussi appelée une vie « selon l'Esprit » plutôt qu'une vie « selon la chair » (Ro 8.4)[3].

📖 *Lecture biblique : Romains 8.1-11*

Je le répète, vous n'avez pas à tout comprendre dès la première lecture. Nous pouvons quand même remarquer que Paul commence à rassembler les bénédictions de la justification et de la

---

3. La « nature pécheresse » est un terme utilisé dans d'autres traductions pour désigner la *chair* (voir Ro 6.6 ; BFC). Un terme qui nous aide à penser au-delà de notre corps physique, il fait référence à notre désir de vivre sans Dieu.

UNE NOUVELLE VIE : LA SANCTIFICATION ET L'ADOPTION

 Pour en savoir plus

Voici Dietrich Bonhoeffer.

Bonhoeffer était un pasteur allemand et un érudit qui a vécu dans les années précédant la Deuxième Guerre mondiale. Il a réalisé qu'une grande partie de l'Église dans son pays se satisfaisait de son interprétation des enseignements de Martin Luther sur la justification et était peu encline à vivre sa foi. (Les croyants en question comprenaient mal les enseignements de Luther.) En 1937, Bonhoeffer a publié un livre désormais célèbre intitulé *Vivre en disciple : Le prix de la grâce*. Dans ce livre, Bonhoeffer a introduit une expression qui est très répandue aujourd'hui : la *grâce à bon marché*. « La grâce à bon marché est l'ennemie mortelle de notre Église. Actuellement, dans notre combat, il en va de la grâce qui coûte […] La grâce à bon marché, c'est la grâce envisagée comme doctrine, principe, système […] La grâce à bon marché, c'est la justification du péché et non du pécheur […] La grâce à bon marché, c'est la prédication du pardon sans repentance, c'est le baptême sans discipline ecclésiastique, c'est la cène sans confession des péchés, c'est l'absolution sans confession personnelle. La grâce à bon marché, c'est la grâce sans la marche à la suite de Jésus, la grâce sans la croix, la grâce abstraction faite de Jésus-Christ vivant et incarné[4]. » *La grâce à bon marché pourrait-elle aussi être définie comme la justification sans la sanctification ?*

---

4. Dietrich Bonhoeffer, *Vivre en disciple : le prix de la grâce*, Genève, Labor et Fides, 2009, p. 23-25.

DEVENIR UN DISCIPLE GRÂCE À L'ÉVANGILE

> Bonhoeffer a toujours été un disciple fidèle pendant les années de la domination d'Adolf Hitler en Allemagne. Il est resté en sécurité aux États-Unis, puis il est retourné dans son pays en 1939 pour aider son « Église confessante » à résister à l'enseignement nazi. Il a continué de servir Christ jusqu'à son exécution par des gardes de prison nazie peu avant la fin de la guerre. Dans son livre *Vivre en disciple : Le prix de la grâce*, Bonhoeffer a écrit : « Lorsque Jésus appelle un homme, il lui demande de venir et de mourir[5]. » Ce n'étaient pas seulement des mots ; Bonhoeffer, comme beaucoup d'autres avant et après lui, est mort parce qu'il était un disciple fidèle de Jésus. C'est une histoire que vous devriez connaître[6].

sanctification en disant que « la justice de la loi *[est]* accomplit en nous (justification), qui marchons (vivons), non selon la chair (la nature pécheresse), mais selon l'Esprit (la sanctification) » (8.4).

Si vous êtes comme moi, vous avez rarement l'impression que votre vie est sous le contrôle du Saint-Esprit. Notre nature pécheresse semble avoir bien plus de puissance qu'elle ne le devrait. Tous les disciples ont ce point en commun, même Paul, comme il l'a décrit dans Romains 7.14-25. Cependant, il a terminé en célébrant le fait que Jésus-Christ notre Seigneur est bien plus puissant que notre péché, jusqu'à pouvoir déclarer : « Il n'y a donc maintenant aucune condamnation pour ceux qui sont en Jésus-Christ » (8.1). Aussi longtemps que nous serons dans ce corps mortel, nous devrons lutter contre le péché, mais le temps viendra où le Christ ressuscité

---

5. Ibid. (Traduction libre)

6. Dans son livre *The Faith* [La foi], Grand Rapids, Baker Nooks, 2008, p. 117-123, Charles Colson nous raconte brièvement la vie et la mort de Bonhoeffer.

UNE NOUVELLE VIE : LA SANCTIFICATION ET L'ADOPTION

donnera une vie nouvelle non seulement à notre esprit, comme il l'a déjà fait, mais aussi à notre corps (8.11).

L'ADOPTION DANS LA FAMILLE DE DIEU

Continuez de lire Romains 8, car Paul y introduit le troisième bienfait, et peut-être le plus merveilleux de tous, accordé à ceux qui croient en l'Évangile : *l'adoption*. Nous ne devons rien à notre ancienne vie ; elle ne faisait que nous détruire. En revanche, notre nouvelle vie nous a donné une nouvelle famille — nous appartenons maintenant à Dieu, car il nous a adoptés, et nous avons Jésus comme grand frère. Un enseignant de la Bible a écrit que si la justification est la bénédiction *principale* de l'Évangile, l'adoption est donc la plus *grande* des bénédictions[7]. Pourquoi dirait-il cela ? Pensez-y bien.

 Lecture biblique : Romains 8.12-17

Sur terre, le processus d'adoption est divisé en deux grandes étapes. Premièrement, une transaction légale doit avoir lieu. Un juge doit rédiger une déclaration comme quoi un enfant est maintenant le fils ou la fille d'un certain couple. Tout est écrit dans un livre, et l'enfant porte dorénavant le nom de sa nouvelle famille et possède les droits obtenus en étant membre de cette famille. Deuxièmement, l'enfant est accueilli dans sa nouvelle famille et, jour après jour, l'amour grandit de sorte que l'enfant développe un sentiment d'appartenance et se sent toujours plus en sécurité. Même si la réalité légale a été établie, la relation a besoin de temps.

Un peu de la même façon, considérez l'adoption comme la combinaison de la justification (être déclaré officiellement membre de la famille de Dieu) et de la sanctification (devenir membre de

---

7. J. I. Packer, *Knowing God* [Connaître Dieu], Downers Grove, IL, InterVarsity Press, 1973, p. 186.

la famille de Dieu, par l'œuvre du Saint-Esprit). Le mot traduit par « adoption » ou « enfant d'adoption » (Ro 8.15 ; Ép 1.5) est porteur des deux sens. Paul dit littéralement : « vous avez reçu un Esprit *d'adoption* ». *Adoption* est le terme officiel ; *enfant d'adoption* réfère à la nouvelle relation que nous avons avec Dieu et son peuple. Par l'Esprit, nous nous adressons maintenant à Dieu en utilisant le terme intime *Abba*. En hébreu, la racine du mot *Père* est *Ab*. Ainsi, un bébé qui apprend ce mot babillera « Abba », comme un enfant qui apprend le français ou l'anglais dira « Papa » ou « Dada ».

 Pour en savoir plus

Cela vous fait-il penser à la prière du Seigneur ?

J'espère que oui. Chaque fois que nous disons « Notre Père qui est aux cieux », nous nous remémorons notre adoption en Christ. Nous parlons à Dieu avec le même degré d'intimité que Jésus. Marc 14.36 rapporte que la nuit avant sa crucifixion, Jésus s'est adressé à Dieu en l'appelant *Abba*. C'est ainsi qu'il avait l'habitude de parler à son Père. Vous et moi avons le même privilège ! Nous nous adressons à Dieu en tant que ses fils et ses filles, et non des étrangers, et nous sommes même « héritiers de Dieu, et cohéritiers de Christ » (Ro 8.17). La prochaine fois que vous commencerez à prier en disant « Notre Père », arrêtez-vous et méditez sur ce que cela représente pour vous.

UNE NOUVELLE VIE : LA SANCTIFICATION ET L'ADOPTION

VIVEZ-VOUS COMME UN ORPHELIN ?

« Vivez-vous comme un fils ou un orphelin ? » Telle était la question souvent posée par Jack Miller et les autres dirigeants du mouvement de réveil qu'il avait déclenché. Il avait appelé ce mouvement « Enfant d'adoption ». Ce nom s'appliquait parfaitement, car il visait tant les hommes que les femmes qui étaient des enfants de Dieu par la foi en Jésus-Christ, mais qui vivaient comme des orphelins qui ne se sentent pas en sécurité et qui doivent se débrouiller seuls. Ils avaient peut-être une certaine compréhension théologique du terme *adoption*, mais ils ne profitaient pas de leur *adoption* — des privilèges d'une nouvelle relation avec Dieu[8].

LA SOUFFRANCE ET LA GLOIRE

Nous avons seulement commencé à réfléchir aux bénédictions qui découlent du cadeau merveilleux de l'adoption. Si vous faisiez la liste de ces bénédictions, y incluriez-vous la souffrance ? En regardant Romains 8.17 à nouveau, vous verrez qu'elle devrait en faire partie. En tant que frères et sœurs de Christ, nous sommes appelés à partager ses souffrances afin de partager sa gloire. Ce sera le sujet de la prochaine leçon sur les bienfaits de croire en l'Évangile.

Résumé du chapitre 8

Pour résumer ce chapitre, je vais utiliser les questions du petit catéchisme qui décrivent les bienfaits qui s'appliquent dans cette vie pour ceux qui ont été efficacement appelés (n°s 32-36) :

---

8. *Sonship* [Enfant d'adoption] est toujours un ministère de World Harvest Mission [Mission de la moisson mondiale]. Le programme d'étude correspondant pour les Églises s'appelle *Gospel Transformation* [Transformation évangélique]. Pour en savoir plus, visitez www.whm.org (en anglais seulement).

À quels bienfaits ont part, dans cette vie, ceux qui sont efficacement appelés ?

Ceux qui sont efficacement appelés ont part, dans cette vie, à la justification, à l'adoption et à la sanctification, ainsi qu'aux divers bienfaits qui, dans cette vie, les accompagnent ou en découlent.

Qu'est-ce que la justification ?

La justification est un acte de la grâce de Dieu, dans lequel il pardonne tous nos péchés, et nous reçoit comme justes devant ses yeux, uniquement en considération de la justice de Christ, qui nous est imputée, et que nous recevons par la foi seule.

Qu'est-ce que l'adoption ?

L'adoption est un acte de la grâce de Dieu, par lequel il nous reçoit au nombre de ses enfants, et nous donne droit à tous leurs privilèges.

Qu'est-ce que la sanctification ?

La sanctification est cette œuvre de la grâce de Dieu par laquelle nous sommes renouvelés, dans tout notre être, à l'image de Dieu, et rendus de plus en plus capables de mourir au péché et de vivre à la justice.

Quels sont les bienfaits qui, dans cette vie, accompagnent la justification, l'adoption et la sanctification, ou qui en découlent ?

Les bienfaits qui accompagnent dans cette vie la justification, l'adoption et la sanctification, ou qui en découlent, sont l'assurance que Dieu nous aime, la paix de la conscience, la joie dans l'Esprit Saint, le progrès dans la grâce, et la persévérance dans la grâce jusqu'à la fin.

Vos devoirs

1. **Poursuivez votre lecture de la Bible**. Préparez-vous pour la leçon suivante en lisant Romains 8 – 11. Accordez une attention particulière à la deuxième moitié du chapitre 8, les versets 18 à 39. Lisez ensuite la lettre de Paul aux Philippiens. Cette lettre vous donnera un bon aperçu de l'attitude de Paul face à la mort à cause de son service pour Christ.

2. **Continuez de prier et d'écrire dans votre journal**.

3. **Complétez vos devoirs précédents**.

   - Avez-vous révisé votre autobiographie spirituelle ? J'espère que vous aurez des éléments à y ajouter au fur et à mesure que vous apprenez ce qu'est la vie d'un disciple dans cette étude ainsi que dans votre vie et vos lectures.

   - Avez-vous fait profession de foi et êtes-vous membre d'une Église centrée sur Jésus ?

   - Êtes-vous membres d'un petit groupe où vous pouvez être encouragés et où vous pouvez encourager les autres ?

CHAPITRE 9

Un nouvel avenir : la glorification

ROMAINS 8 occupe une place très importante dans mes souvenirs de mes premiers pas en tant que disciple de Jésus. Je ne suis même pas certain si je me considérais comme un disciple à cette époque, car j'étais encore un bébé dans la foi. Après avoir été baptisé et m'être engagé à étudier la Bible et à fréquenter une Église, je me suis éloigné de l'Église qui m'avait aidé dans mes débuts, et ma marche avec Christ s'est presque totalement arrêtée. Heureusement, j'ai malgré tout conservé ma nouvelle habitude de lire un chapitre de la Bible chaque soir avant de me coucher. Ma foi ne tenait qu'à un fil, mais j'ai essayé de poursuivre ma lecture bien que je n'y comprenne presque rien. Je me rappelle avoir lu Romains 8 un soir, en particulier les deux derniers versets, qui proclament que rien dans toute la création « ne pourra nous séparer de l'amour de Dieu manifesté en Jésus-Christ notre Seigneur ». En lisant ce passage, je savais que ma nouvelle foi était le début de l'œuvre de Dieu dans ma vie et que, d'une façon ou d'une autre, il allait y avoir un retour. C'est là une tout autre histoire, mais ce soir-là, j'avais le cœur en paix lorsque je me suis couché, parce que l'amour de Dieu était bien plus grand que ce que je m'étais imaginé.

Ce chapitre complète l'étude sur les bienfaits de ceux qui croient en l'Évangile. Nous avons des bénédictions, non seulement dans cette vie, mais aussi dans celle à venir. En ce sens, la deuxième moitié du chapitre 8 de l'épître aux Romains met l'accent sur deux mots : *espoir* et *gloire*.

PARTAGER LES SOUFFRANCES DE CHRIST

Nous ne pouvons penser sérieusement à la marche du disciple sans aborder la question des difficultés et de la souffrance. Souvenez-vous de votre lecture de l'Évangile selon Marc. Quand Jésus essayait de préparer les nouveaux disciples à sa mort, il leur a enseigné qu'ils devaient, eux aussi, se préparer à la mort. Il a dit : « Si quelqu'un veut venir après moi, qu'il renonce à lui-même, qu'il se charge de sa croix, et qu'il me suive. Car celui qui voudra sauver sa vie la perdra, mais celui qui perdra sa vie à cause de moi et de la bonne nouvelle la sauvera » (Mc 8.34,35). Des milliers, peut-être des millions d'hommes et de femmes comme Dietrich Bonhoeffer, ont perdu la vie au nom de Jésus pour la cause de l'Évangile, et cela se produit encore aujourd'hui. Que nous mourions ou pas comme martyrs, tous les disciples de Jésus partageront, à certains niveaux, les souffrances de Jésus. Tout comme Jésus, Paul révèle clairement cette vérité. Dans Romains 5, Paul enseigne que puisque nous avons été justifiés par la foi, nous pouvons nous réjouir dans l'espérance de la gloire de Dieu, y compris dans nos souffrances (5.1-5). En poursuivant notre lecture de Romains 8, nous comprendrons davantage ce que cela signifie.

Lecture biblique : Romains 8.17-27

UN NOUVEL AVENIR : LA GLORIFICATION

Avez-vous parfois le sentiment que quelque chose ne tourne pas rond du tout dans le monde dans lequel nous vivons ? Que ce soit à des tragédies personnelles, à de la violence dans notre communauté ou à des désastres naturels, nous sommes tous les jours confrontés à la réalité que ce monde n'est pas l'endroit où nous devrions être. Paul se sert d'une image très puissante pour décrire cette réalité au verset 22 — les douleurs de l'enfantement : « Or, nous savons que, jusqu'à ce jour, la création tout entière soupire et souffre les douleurs de l'enfantement. » Il nous rappelle que ce monde est maudit depuis la chute. Même si les croyants ont commencé à gouter les bénédictions du salut de Dieu (« les prémices de l'Esprit », v. 23), nous « soupirons en nous-mêmes ».

Remarquez que Paul dit que nous soupirons parce que nous attendons notre « adoption ». Toutefois, n'avons-nous pas déjà été adoptés, comme nous l'avons appris dans les versets 15 à 17 de Romains 8 ? Ces versets ne parlent-ils pas du *présent* en disant que « L'Esprit lui-même rend témoignage à notre esprit que nous sommes enfants de Dieu » (v. 16) ? Que voudrait donc dire le fait que nous attendons notre adoption ? C'est que l'adoption que nous vivons en ce moment n'est qu'un avant-goût de notre adoption *totale*, qui comprend « la rédemption de notre corps » (v. 23). Ce qui est merveilleux c'est que cette adoption finale fait partie de la rédemption de toute la création de Dieu : « [la création] aussi sera affranchie de la servitude de la corruption, pour avoir part à la liberté de la gloire des enfants de Dieu » (v. 21).

Comment toutes ces choses peuvent-elles se produire ? L'Évangile nous donne la réponse. Comme nous le savons, l'Évangile est l'histoire de Jésus, qui est descendu des cieux sur la terre pour apporter la paix de Dieu. Jésus l'a appelée « le royaume de Dieu » (Mc 1.15). Il l'a accompli en faisant la guerre à Satan et l'ennemi ultime, la mort. Il a chassé des démons, guéri des malades, ressuscité des morts et est lui-même mort sur la croix. Il a vaincu la mort ! Sa mort et sa résurrection représentent le tournant dans le plan remarquable de Dieu qui est de détruire chaque aspect de la malédiction du péché. La guerre n'est pas terminée, mais la victoire est assurée, et toute la création attend le jour où Dieu achèvera son plan pour ses enfants (Ro 8.19) et où Jésus reviendra afin de restaurer toute chose.

Il n'est pas étonnant que Paul dise qu'aucune souffrance présente n'est comparable à la gloire à venir (v. 18). À présent, nous attendons avec un espoir aussi vrai que la résurrection de Jésus. Pendant cette attente, nous servons Jésus avec l'aide du Saint-Esprit, qui approfondit notre relation avec le Père (v. 26,27).

APPELÉS SELON SON PLAN

Il y a une autre raison pour laquelle nous pouvons vivre et souffrir dans un monde de souffrances. Paul explique que tout cela fait partie de la révélation de la volonté de Dieu. Le petit rôle que chacun de nous joue fait partie d'une histoire bien plus grande que nous ne pourrions l'imaginer. Dans les quelques versets qui suivent, Paul nous donne un aperçu du mystérieux plan de Dieu.

 Pour en savoir plus

Qu'en est-il d'aller au ciel lorsque nous mourons ? N'est-ce pas tout ce en quoi consiste le salut ?

La réponse est oui et non. *Oui*, parce que le futur glorieux en lequel nous espérons est encore dans le futur, dans l'attente du retour de Christ sur terre. Nous pouvons encore nous demander ce qui advient des disciples de Jésus qui meurent avant son retour. La Bible enseigne qu'ils entrent dans la présence de Dieu. Nous imaginons l'endroit où Dieu se trouve comme le

« paradis », donc, « aller au paradis » décrit bien ce qui advient des croyants à leur mort. Paul, qui s'attendait à mourir d'un instant à l'autre, a écrit ceci à l'Église de Philippe alors qu'il était en prison : « j'ai le désir de m'en aller et d'être avec Christ » et « Christ est ma vie, et mourir m'est un gain » (Ph 1.21-23).

Toutefois, aller au ciel n'est pas « tout ce en quoi consiste le salut ». Romains 8 l'explique de façon claire, et beaucoup d'autres passages sont à l'appui. Un jour, Dieu fera de cette terre une nouvelle terre, et, en suivant Jésus, nous faisons partie de ce grand renouvellement, même pendant les temps de souffrance. Je dois admettre qu'il m'est arrivé de lutter avec la pensée que mon seul but dans la vie est d'attendre la mort afin d'aller au paradis. Peut-être luttez-vous avec la même pensée. Je crois que cette idée est véhiculée dans beaucoup de sermons et de cantiques, mais cette idée est incomplète. Je me demande si c'est la raison pour laquelle certains chrétiens croient qu'être un disciple est optionnel. Croit-on en Jésus seulement pour obtenir un billet d'entrée au ciel ? Aller au ciel à notre mort n'est qu'un élément de l'Évangile et de notre espoir pour le futur, c'est loin d'être tout. Jésus est venu rendre le royaume de Dieu accessible, et, un jour, nous le verrons et nous l'expérimenterons dans toute sa plénitude et sa gloire. Voilà ce qui nous donne l'espérance.

 Lecture biblique : Romains 8.28-30

Nous avons entamé notre étude de la marche chrétienne avec l'appel de Jésus. Nous avons à nouveau vu cet appel au début de l'épître aux Romains. Paul ajoute maintenant que nous sommes « appelés *selon son dessein* ». Notre appel fait partie du plan de Dieu (« ceux qu'il a prédestinés »), parce qu'il nous a toujours connus (« ceux qu'il a connus d'avance »). Si Dieu nous a appelés, il nous a aussi justifiés ; et s'il nous a justifiés, il nous a aussi glorifiés (v. 30). Ouah ! Que pouvons-nous dire ? C'est exactement ce que Paul demande dans le verset qui suit (v. 31).

 Pour en savoir plus

Qu'est-ce que la glorification ?

La glorification est l'accomplissement du salut de Dieu commencé lors de son appel. Romains 8.30 dit que ceux qui sont appelés et justifiés sont aussi glorifiés. C'est dit comme si nous étions déjà glorifiés. C'est le cas ! Le plan de Dieu s'accomplira, et parce que nous sommes « en Christ », nous expérimentons déjà une partie de la gloire qui nous attend. La clé de la glorification est la résurrection de Jésus. Le Christ ressuscité nous donne une vie nouvelle dès maintenant (la régénération et la sanctification), mais ce n'est pas tout. Le temps viendra où ceux qui appartiennent à Christ seront aussi physiquement ressuscités dans un corps semblable à celui que Jésus avait à sa résurrection. Jésus lui-même a enseigné cette vérité (Jn 5.24-30), tout comme Paul (1 Co 15 ; 2 Co 4.7 – 5.10 ; Co 3.1-4 ; 1 Th 4.13-18). L'espoir ultime décrit par Paul dans Romains 8 concerne le retour de Christ et le jour de la résurrection.

UN NOUVEL AVENIR : LA GLORIFICATION

Peu importe votre arrière-plan, que vous soyez un nouveau disciple ou un disciple renouvelé, vous pouvez voir le mystère de la prédestination de Dieu comme quelque chose de vraiment extraordinaire. N'essayez pas de le comprendre, car vous n'y arriverez pas — c'est Dieu qui révèle sa *souveraineté*[1] (ce mot signifie « autorité suprême »). Paul est en train de rassembler tous les morceaux de notre salut (tel que l'appel, la justification et la glorification) afin de nous donner une vision d'ensemble — non pas pour nous mélanger, mais pour nous donner un espoir encore plus grand — que Dieu, qui a un dessein éternel pour toute sa création, est *pour nous* ! Que pouvons-nous demander de plus ?

QUE PENSER DE TOUT CELA ?

N'oubliez pas que le but de Dieu est très clair. Il veut que nous soyons « semblables à l'image de son Fils » (Ro 8.29). Le « bien » que Dieu fait dans notre vie est de nous rendre toujours plus comme Jésus. Romains 8.28 est souvent utilisé pour rassurer les gens que tout concourt à *notre* bien, que la volonté de Dieu est toujours que nous soyons heureux, en santé et prospères. Ce n'est *pas* ce que le passage veut dire. Ces choses serviraient-elles à nous rendre plus comme Jésus ? Si oui, alors Dieu peut effectivement accomplir ces choses pour le bien. Cependant, si la souffrance, la persécution, la famine ou la guerre servent à accomplir le plan de Dieu, c'est ce qui arrivera. Lisez bien attentivement le dernier verset de Romains 8, en portant une attention particulière sur le nombre de questions posées par Paul pour conclure ce merveilleux chapitre.

 Lecture biblique : Romains 8.31-39

---

1. J'offre une courte explication de cette doctrine dans mon livret *What Is a Reformed Church ?* [Qu'est-ce qu'une Église réformée ?], Phillipsburg, NJ, P&R Publishing, 2003, p. 11-17.

DEVENIR UN DISCIPLE GRÂCE À L'ÉVANGILE

Avez-vous déjà assisté à une performance en direct de l'*Ouverture solennelle 1812* de Piotr Ilitch Tchaïkovski ? Il l'a écrite pour célébrer la victoire de l'armée russe contre Napoléon à la périphérie de Moscou. Cette pièce musicale est pleine de vie et de réjouissance, mais lorsqu'elle atteint son paroxysme, tous les instruments se déchaînent. Les cloches sonnent, les tambours et les cymbales résonnent, et par-dessus tous les instruments retentissent les salves de canons. C'est une pièce de musique palpitante. Je ne peux m'empêcher d'y penser lorsque je lis Romains 8. Chaque question mène à une réponse qui mène à une autre question puis à sa réponse. La joie est omniprésente dans ce texte de l'apôtre Paul :

- Si Dieu est pour nous, qui sera contre nous ? (v. 31)

- Si Dieu a livré son Fils pour nous tous, comment ne nous donnera-t-il pas aussi toutes choses avec lui ?

- Pourquoi devrions-nous avoir peur du jour du jugement si Dieu le Père nous a choisis et que Christ est là pour nous défendre ?

- Qu'est-ce qui pourrait nous arrêter dans cette vie ? Ce sera difficile, mais…

- Nous sommes plus que vainqueurs par celui qui nous a aimés.

- Par conséquent, rien — ni les choses de notre passé, de notre présent ou de notre futur, qu'elles soient visibles ou invisibles, ni rien dans toute la création — ne pourra nous séparer de l'amour de Dieu manifesté en Jésus-Christ notre Seigneur.

UN NOUVEL AVENIR : LA GLORIFICATION

L'ASSURANCE DE NOTRE SALUT

Les deux derniers versets de Romains 8, ceux qui ont eu un grand impact sur moi lorsque j'étais un jeune croyant en difficulté, concluent ce chapitre en exprimant ce que recevoir le salut en Jésus-Christ par la grâce de Dieu signifie. Nous sommes sauvés dans le présent, mais c'est un salut éternel : « Car le salaire du péché, c'est la mort ; mais le don gratuit de Dieu, c'est la vie éternelle en Jésus-Christ notre Seigneur » (Ro 6.23). Ce que m'ont apporté ces versets ce soir-là, je le réalise aujourd'hui, s'appelle *l'assurance de mon salut*. C'était le Saint-Esprit qui murmurait à mon oreille que j'étais l'enfant de Dieu (8.16). Il est possible non seulement d'avoir la paix en Dieu, mais aussi de *savoir* que nous sommes en paix avec Dieu. Ce n'est pas une supposition (bien que ce le soit sans un désir sincère de suivre Jésus) ; c'est la foi. Nous croyons les promesses de Dieu que nous trouvons dans l'Évangile et nous nous reposons sur elles.

L'une des confessions traditionnelles partagées par un grand nombre d'Églises au début de la communion est celle-ci : « Christ est mort, Christ est ressuscité, Christ revient bientôt, alléluia ! » Les gens prennent ensuite le pain et le vin en témoignage de leur confiance en Christ, qu'ils ont confessée, pour leur salut. Chaque observance de la communion offre l'occasion de réaffirmer notre espérance en Christ seul[2].

 Temps de réflexion

À ce point de votre cheminement avec Christ, avez-vous l'assurance que son salut est maintenant vôtre ? Écrivez vos réflexions

---

2. L'apôtre Jean n'a pas seulement écrit un évangile, mais aussi une courte lettre intitulée 1 Jean (vers la fin du Nouveau Testament) afin d'aider les nouveaux croyants à obtenir l'assurance de leur nouvelle naissance de Dieu. Lisez-la dès que vous en aurez la chance.

à ce sujet ou discutez-en avec votre groupe. L'assurance du salut est un privilège pour tous les disciples de Jésus. Elle vous permet de le suivre librement et dans la joie, peu importe les difficultés qui se présentent sur votre chemin, car vous savez que rien ne peut vous séparer de l'amour de Dieu en Jésus-Christ votre Seigneur.

REGROUPER LES COMPOSANTES

Je sais que j'ai probablement un peu trop rempli votre assiette jusqu'ici. Toutefois, n'oubliez pas que l'épître aux Romains a été écrite à une *jeune* Église remplie de nouveaux disciples et de disciples renouvelés comme vous. Paul savait qu'ils pourraient lire et discuter ensemble de cette lettre encore et encore, et je m'attends à la même chose de vous. Il y aura toujours plus à apprendre. J'ai enseigné ces passages à maintes reprises, mais en préparant mes études, j'ai découvert une nouvelle profondeur à l'Évangile. L'un des aspects les plus fondamentaux de la croissance d'un disciple de Jésus est le désir intarissable de le connaître plus et de savoir ce qu'il veut que nous fassions. J'insiste donc pour que vous preniez le temps de laisser à l'Évangile l'occasion d'imprégner votre âme.

Voici un diagramme qui, je l'espère, vous aidera à avoir une vue d'ensemble de l'Évangile[3]. N'oubliez pas que la vérité qui se trouve au cœur de tout ce que nous étudions est notre union spirituelle avec Christ dans sa mort et sa résurrection (représentés par le X au milieu de la roue). Aucun des grands bienfaits de notre salut — que ce soit l'appel, la conversion, la justification, la sanctification, l'adoption ou la glorification — n'a un sens si nous ne sommes pas « en Christ », qui est révélé dans l'Évangile. Ainsi, nous revenons à l'Évangile comme étant la base de notre vie en Christ.

---

3. L'idée du diagramme en forme de roue est tirée de la lecture du livre de John Murray, *Redemption, Accomplished and Applied* [La rédemption, accomplie et appliquée], Grand Rapids, Eerdmans, 1955. La dernière figure est l'adaptation que j'en ai faite.

Figure 6. Le salut par grâce

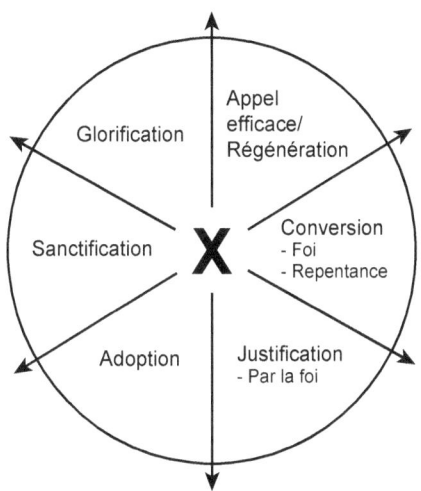

Résumé du chapitre 9

Nous ne pouvons parler de la marche chrétienne sans considérer le sujet de la souffrance ; mais Romains 8 nous enseigne que la souffrance n'est rien comparée à la gloire à venir :
- Toute la création est touchée par la malédiction.
- À son retour, Christ ressuscitera son peuple des morts, et toute la création sera restaurée.
- Aller au ciel à notre mort n'est qu'une partie de ce qui nous est réservé.

Nous sommes appelés selon sa volonté :
- Nous sommes connus de Dieu et prédestinés.
- Ceux qu'il a prédestinés, il les a aussi appelés, justifiés et glorifiés.
- La glorification est l'achèvement de notre salut — elle est liée à ce qui est arrivé à Jésus à sa résurrection.

Que pouvons-nous dire ? OUAH !
- Le plan de Dieu est clair — c'est de nous rendre semblables à Christ, notre grand frère.
- Paul pose toute une série de questions poignantes.
- Rien ne peut nous séparer de l'amour de Dieu en Jésus-Christ.

L'assurance du salut :
- Nous reposons en Christ seul.

Regrouper les composantes
- La roue

Vos devoirs

1. **Continuez de lire la Bible sur une base régulière.** Pour vous préparer à la prochaine leçon, lisez Romains 12 à 14. Commencez aussi à lire le livre des Actes des apôtres. Ce livre raconte l'histoire des débuts de l'Église de Jésus dans les années qui ont suivi sa résurrection et son ascension. Faites-vous un plan pour avoir terminé la lecture du livre des Actes en même temps que l'étude du chapitre 12 de ce livre.

2. **Écrivez dans votre journal.** Que pensez-vous de l'assurance du salut ? L'avez-vous ? Écrivez-vous les questions qui vous traversent l'esprit lorsque vous lisez la Bible et lorsque vous vous préparez pour les leçons ?

LES ÉTAPES DE
LA MARCHE CHRÉTIENNE

Première étape : connaître l'Évangile

Deuxième étape : connaître ce qui nous a conduits vers l'Évangile

Troisième étape : connaître les avantages de croire en l'Évangile (les doctrines de l'Évangile)

✗ **Quatrième étape : mener une vie qui jaillit de l'Évangile (obéir à l'Évangile)**

CHAPITRE 10

La foi exprimée par l'amour

DANS LA PREMIÈRE LEÇON de ce livre, nous avons rencontré Lévi, qui était assis au bureau des péages à s'occuper de ses affaires (qui s'avéraient également être les affaires de tout le monde). Jésus s'est approché de lui — c'était probablement la première fois qu'il le voyait — et lui a dit : « Suis-moi ». Il est écrit que Lévi s'est levé et a suivi Jésus.

Dans son livre *Vivre en disciple : le prix de la grâce*, Dietrich Bonhoeffer (vous vous rappelez de lui ?) commente l'appel de Jésus envers Lévi : « L'appel est direct, et il est suivi par une réponse d'obéissance. La réponse des disciples est un geste d'obéissance, et non une confession de foi en Jésus. Comment l'appel pouvait-il immédiatement susciter l'obéissance[1] ? » Bonhoeffer explique que la raison pour laquelle nous répondons à l'appel « est Jésus-Christ lui-même [...] Jésus demande à des personnes de le suivre, non parce qu'il est un enseignant ni parce qu'il a mené une bonne

---

1. Dietrich Bonhoeffer, *Vivre en disciple : le prix de la grâce*, Genève, Labor et Fides, 2009. (Traduction libre)

vie, mais parce qu'il est le Christ, le Fils de Dieu[2]. » Quand Jésus appelle, nous allons, et nous le suivons. Si nous comprenons cette réalité, il n'y a aucun conflit entre la foi et l'obéissance. Dans sa lettre à l'Église de Rome, Paul a commencé en parlant de sa mission d'« amener en son nom *à l'obéissance de la foi* tous les païens » (Ro 1.5). Il a terminé sa lettre en exprimant exactement la même idée, « afin [que toutes les nations] *obéissent à la foi* » (16.26).

Nous voilà donc à la quatrième étape de la marche chrétienne : l'obéissance à l'Évangile. Je précise *à l'Évangile*, parce qu'il serait possible d'avoir une tout autre approche vis-à-vis de l'obéissance, qui se définirait simplement par « accomplir notre devoir », ou « respecter les règles ». Faire la bonne chose pour les mauvaises raisons n'honore pas Christ. L'obéissance comme effort pour rembourser Dieu pour son salut non plus, comme si nous pouvions mériter son grand amour et sa grâce. Toutefois, il existe un fruit naturel qui pousse à partir d'une foi en l'Évangile implantée par l'Esprit, c'est cela que Paul appelle « l'obéissance de la foi ». C'est lorsque l'Évangile devient manifeste dans la vie d'une personne que nous commençons à comprendre ce que veut dire, « l'Évangile change tout ».

Dans votre lecture de Romains 12, avez-vous remarqué que Paul passe naturellement d'un enseignement complet sur la miséricorde de Dieu à un appel à l'obéissance[3] ? Il nous demande de nous offrir comme sacrifices vivants. Nous sommes appelés à faire ce pas d'obéissance non pas pour mériter la miséricorde de Dieu, mais à cause de la miséricorde de Dieu.

---

2. Ibid.

3. J'ai volontairement passé par-dessus les chapitres 9 à 11 de l'épître aux Romains. En résumé, c'est une importante discussion au sujet du plan de Dieu de mettre le peuple juif de côté à cause de leur désir d'établir leur propre justice. Il l'a fait pour permettre à d'autres de recevoir la justice par la foi, qu'ils soient Juifs ou Grecs, en croyant à l'Évangile (10.1-15 résume bien le passage).

LA FOI EXPRIMÉE PAR L'AMOUR

 Lecture biblique : Romains 11.33 – 12.8

LA VIE DANS UNE COMMUNAUTÉ DE CROYANTS

Lors de votre lecture, vous devriez avoir remarqué que Paul écrivait en tenant pour acquis que ses lecteurs faisaient partie d'un « corps », qui est une façon très répandue dans le Nouveau Testament de décrire l'Église. Le point que j'ai soulevé au chapitre 2 est ainsi renforcé, tant par Jésus et Paul que par d'autres auteurs de l'Écriture : il est impossible d'être un disciple si nous sommes seuls. Nous pouvons donner suite à notre appel en tant que membres d'une communauté de croyants.

Romains 12 commence en exhortant chaque frère et sœur à offrir à Dieu leur corps comme sacrifice vivant. Dévouer tout ce que nous sommes plaît à Dieu, qui reçoit ce dévouement comme un acte d'adoration. J'ai entendu beaucoup d'enseignements sur ce passage, et la blague qui revient toujours est que le problème avec les sacrifices *vivants* est qu'ils tentent constamment de se glisser en bas de l'autel. C'est tellement vrai !

Un dévouement total envers Dieu implique que :

- Nous arrêtons de nous conformer au siècle présent (par les habitudes, les gestes et les attitudes qui sont propres à notre ancienne vie sans Christ). Une autre façon de le dire serait : ne laissez pas le monde vous faire rentrer dans son moule.

- Nous commençons à être transformés (ou métamorphosés, comme la chenille qui se transforme en papillon) par le renouvellement de notre esprit. Cela se produit lorsque nous apprenons à conformer notre esprit à celui de Christ et que nous nous laissons façonner par la Parole de Dieu.

- Nous avons une opinion humble de nous, et non arrogante, lorsque nous servons dans l'Église de Christ.

Ensuite, Paul introduit la vérité importante selon laquelle nous sommes un, puisque l'Église est le corps de Christ, néanmoins, chaque personne, tout comme les différentes parties du corps humain, a un rôle différent à jouer pour que le corps tout entier soit en santé. Ces différents rôles sont appelés des « dons », et il y a plusieurs listes de ces dons dans différentes lettres adressées aux Églises (1 Corinthiens 12 en est un bon exemple). Voici les sept dons principaux que Paul énumère dans ce passage :

- Le don de prophétie (de prêcher ou de proclamer la Parole de Dieu).
- Le don de service.
- Le don d'enseignement.
- Le don d'encouragement.
- Le don de donner avec libéralité.
- Le don de présider.
- Le don de la miséricorde.

Quel don parmi ceux-ci pourriez-vous offrir à votre église ? Le but de cette liste n'est pas de restreindre les dons que nous pouvons avoir et exercer, c'est plutôt de nous pousser à considérer devant Dieu ce que nous pourrions faire pour le bien-être et la santé de l'Église. La plupart du temps, vous découvrirez vos dons en servant au sein d'un ministère dans l'Église. Écrivez vos réflexions à ce sujet, ou parlez-en avec votre groupe.

TOUT CE QUI COMPTE, C'EST L'AMOUR

Toutes les attentes envers un disciple peuvent être résumées en un seul mot, l'amour. Le fameux chapitre sur l'amour, 1 Corinthiens 13, est écrit en plein milieu d'une discussion sur les bonnes et les mauvaises utilisations de nos dons dans l'Église. Nos prophéties, nos dons pour les pauvres et même notre foi ne valent rien sans l'amour (1 Co 13.2). Presque toutes les listes de vertus du Nouveau Testament commencent ou terminent avec l'amour. Après avoir reproché à l'Église de Galates de s'être éloignée de l'Évangile pour adopter une religion basée sur les œuvres, Paul a fait une déclaration remarquable : « Car, en Jésus-Christ, ni la circoncision ni l'incirconcision n'ont de valeur, mais seulement la foi qui est agissante par l'amour » (Ga 5.6). En poursuivant votre lecture de l'épître aux Romains, portez attention aux passages sur l'amour.

 Lecture biblique : Romains 12.9-21

La lecture de ce passage vous aide-t-elle à comprendre comment un petit groupe de personne qui met en pratique ces commandements peut changer le monde ? Au départ, les disciples de Jésus étaient presque méprisés pour leur faiblesse, mais, peu à peu, leurs actes de bonté les uns envers les autres, et envers leurs voisins, sont complètement sortis du lot dans un monde de cupidité et de haine. Les gens étaient alors attirés, comme notre ami Tite, à en savoir plus sur le Jésus que ces chrétiens suivaient. L'histoire de la progression de l'Église est incroyable, et derrière cette histoire se trouve l'histoire de *la foi qui s'exprime par l'amour.*

Pour en savoir plus

Où veux-tu en venir en parlant de l'amour ?

Bonne question. Il est très important d'avoir une compréhension juste de l'amour. Le Nouveau Testament décrit l'amour très clairement. Dans la langue grecque, il y a trois mots principaux pour désigner l'*amour*. *Éros* fait référence à un amour passionné. Bien souvent, cet amour n'a pas de limites, et c'est de ce mot que provient le mot *érotique*. *Éros* a toujours désigné un amour dirigé par les émotions. Le fait d'être « en amour » est l'*éros*. *Philia*, au contraire, est un mot qui décrit l'amitié ou l'affection — c'est ce genre d'amour que nous expérimentons lorsque nous « aimons » ou « apprécions » une personne. La ville de *Phil*adelphie est la ville de « l'amour fraternel ». Le troisième mot pour l'*amour* est *agapé*. Lorsque je fais preuve d'amour *agapé*, je désire ce qu'il y a de mieux pour une personne, et je travaillerai en allant même jusqu'à me sacrifier pour accomplir cet amour. Certaines versions de la Bible traduisent le mot par « charité », qui démontre qu'*agapé* signifie de faire du bien aux autres.

Vous ne seriez probablement pas surpris d'apprendre que le mot *agapé*, qui n'apparaît que très rarement dans l'ensemble des écrits grecs, est le mot le plus utilisé dans le Nouveau Testament pour parler de l'*amour*. Lorsque « Dieu a tant *aimé* le monde » (Jn 3.16), il a fait quelque chose pour démontrer son amour : il a envoyé son Fils.

Vous avez lu Romains 12.9 : « Que l'amour [*agape*] soit sans hypocrisie. » Vous pourriez mettre cette phrase en gros caractère, et la faire suivre d'exemples précis de ce à quoi l'amour doit ressembler. Remarquez au verset 10 que l'« amour fraternel » (*philia*) fait partie de la manière dont nous aimons. L'amour nous permet même de ne pas nous venger, mais de vivre en paix avec tous (dans la mesure du possible), et d'être gentils avec nos ennemis (12.17-19). Comment y arriver ? Cet amour est un amour que seul Jésus peut exprimer. C'est exact ! Notre amour envers les autres est un débordement de l'amour que nous avons reçu en Jésus ! De plus, il nous a appelés à le suivre. Ainsi, il peut nous demander d'aimer nos ennemis. Nous ne les aimerons pas nécessairement, mais nous chercherons leur bien (12.21). C'est le sens de l'amour *agapé* — un amour qui est un acte d'obéissance.

L'AMOUR — L'ACCOMPLISSEMENT DE LA LOI

Maintenant que vous comprenez la nature de l'amour biblique, vous êtes en mesure de comprendre que l'amour ne s'oppose pas à la vérité et à la loi de Dieu. Lorsque l'amour n'est que « sentimentalité », comme Lewis le décrit, et que nous « aimons » en nous basant seulement sur nos émotions ou sur ce que l'autre personne demande, les résultats peuvent être destructeurs. Beaucoup de parents bien intentionnés ont appris cette leçon à la dure. L'amour exige que nous fassions ce qui est bon et ce qui est le meilleur pour la personne que nous aimons ; c'est ce qu'on appelle souvent « l'amour coriace ». Heureusement, nous avons un guide qui nous explique ce qu'est un tel amour — c'est la loi de Dieu. Lisez cet autre passage de l'épître aux Romains où Paul aborde ce sujet.

 Lecture biblique : Romains 13.8-10

Il est important de comprendre de quelle façon est utilisé le mot *loi* dans ce contexte. Il peut simplement faire référence à l'Ancien Testament (Ro 3.21) ou à une vision légaliste de l'observation des lois de l'Ancien Testament (« vous êtes, non sous la loi, mais sous la grâce »,6.14). Dans ce passage, le mot *loi* fait plutôt référence à la « loi morale » telle que résumée par les Dix commandements. De toute évidence, Paul croit qu'il faut tenir compte de la loi morale. Ces règles sont accomplies par amour, et le contraire est tout aussi vrai : on apprend à aimer en observant la loi. Par exemple, si j'aime mon voisin, je ne lui volerai rien, je ne commettrai pas l'adultère avec sa femme, etc. À travers les siècles, l'Église a reçu les Dix commandements comme une extension des deux plus grands commandements : aimer Dieu et aimer son prochain[4].

 Pour en savoir plus

Voici C. S. Lewis.

C. S. Lewis est un érudit de la littérature classique qui a vécu en Angleterre au XXe siècle. Il a découvert la foi en lisant des ouvrages de grande littérature et en réalisant que les meilleures réflexions et les plus grandes imaginations venaient des chrétiens. Une fois converti, Lewis a utilisé son talent d'écrivain pour atteindre des milliers de lecteurs. Encore aujourd'hui, ses ouvrages sont très répandus. Les adaptations cinématographiques des livres de sa série fantastique *Le Monde de Narnia* ont été très populaires (*Le Lion, la Sorcière blanche et l'Armoire magique*, *Le Prince*

---

4. Jésus a dit cela dans Marc 12.30,31, mais n'oubliez pas qu'il citait un passage de l'Ancien Testament (De 6.5 ; Lé 19.18). Ne faites pas l'erreur de considérer l'Ancien Testament uniquement comme la loi et le Nouveau Testament uniquement comme l'amour.

Caspian et *L'Odyssée du Passeur d'Aurore*). Que vous soyez un nouveau disciple ou un disciple renouvelé, vous retiriez beaucoup de la lecture de son livre *Tactique du diable*, dans lequel un démon de deuxième classe écrit à son neveu « Wormwood », un démon de troisième classe, pour lui expliquer comment ébranler la foi d'un nouveau croyant.

Lewis est également connu pour son livre *Les fondements du christianisme*, qui était premièrement destiné à former une série d'entretiens radiophoniques de la BBC dans les années 40. Dans le chapitre sur la charité, il a dit ceci au sujet d'agir avec amour peu importe si nous aimons ou non notre prochain : « Ne perdez pas de temps à vous demander si vous "aimez" votre prochain ; agissez comment si c'était le cas. [...] Par conséquent, bien que les personnes plus sentimentales trouvent la charité chrétienne très froide, et bien qu'elle soit très différence de l'affection, elle mène à l'affection. La différence entre un chrétien et un non-converti n'est pas que le non-converti n'a que de l'affection ou de "l'appréciation" ou que le chrétien n'a que de la "charité". Le non-converti traite certaines personnes gentiment parce qu'il les "aime" ; le chrétien, en tentant de traiter tout le monde avec gentillesse, développe de l'affection envers un nombre grandissant de personnes — même envers des personnes qu'il n'aurait jamais pensé aimer au point de départ[5]. »

---

5. C. S. Lewis, Mere Christianity [*Les fondements du christianisme*], New York, Collier Books, 1960, p. 116, 117.

La préface :

> « Je suis l'Éternel, ton Dieu, qui t'ai fait sortir du pays d'Égypte, de la maison de servitude. »

Comment aimer Dieu (les quatre premiers commandements) :

1. « Tu n'auras pas d'autres dieux devant ma face. »
2. « Tu ne te feras point d'image taillée… »
3. « Tu ne prendras point le nom de l'Éternel, ton Dieu, en vain… »
4. « Souviens-toi du jour du repos, pour le sanctifier. »

Comment aimer son prochain (six commandements) :

5. « Honore ton père et ta mère… »
6. « Tu ne tueras point. »
7. « Tu ne commettras point d'adultère. »
8. « Tu ne déroberas point. »
9. « Tu ne porteras point de faux témoignage contre ton prochain. »
10. « Tu ne convoiteras point… »

(Ex 20.1-17 ; De 5.1-22)

PRÉPAREZ-VOUS AU COMBAT — REVÊTEZ JÉSUS

En obéissant à l'Évangile et en prenant l'appel à suivre Jésus au sérieux, nous devons nous préparer au fait que nous suivons Jésus dans le territoire adverse. Les ennemis de Jésus ne peuvent rien contre lui, tel qu'il l'a montré, mais ils feront tout en leur pouvoir pour nuire à ses disciples. Traditionnellement, l'Église chrétienne a identifié les ennemis des disciples de Jésus ainsi : *le monde, la chair* et *le diable*. Examinons-les brièvement :

 Pour en savoir plus

Vous devez apprendre les Dix commandements.

Les Dix commandements ont été donnés au peuple de Dieu après qu'il ait été délivré de son esclavage en Égypte. Ces commandements n'étaient pas vraiment des règles, mais plutôt des principes éternels donnés par Dieu pour leur apprendre comment vivre pour ne pas retourner dans la servitude. Les dix commandements sont très simples, car Dieu s'adressait à un peuple qui était formé d'enfants dans la foi. Prêtez attention à la préface — elle est très importante, car elle nous rappelle qui est Dieu. Tout comme nous commençons à prier en nous rappelant que nous parlons à « Notre Père, qui est dans les cieux », la préface nous rappelle que le Dieu qui donne les dix commandements est le même Dieu qui a délivré son peuple de l'esclavage. Les commandements énumérés plus haut sont abrégés.

Le monde. Ce n'est pas la terre ni l'ensemble des gens sur terre, mais un système. C'est une façon de voir la vie qui ne tient pas compte de Dieu. « Le monde » peut être très sensuel, mais il peut également s'avérer matérialiste, laïque, et j'en passe. Souvenez-vous qu'être un sacrifice vivant demande notamment de ne pas nous conformer au siècle présent (Ro 12.2).

La chair. Comme nous l'avons déjà vu, *la chair* ne fait pas référence à notre corps, mais à ce qui reste de notre nature pécheresse en nous[6]. Nous ne pouvons nous en débarrasser complètement, c'est Dieu qui nous l'enlèvera à notre mort ou au jour de la résurrection. La chair est comparable à une antenne qui nous connecte avec le monde et qui le rend attrayant même après que nous avons rencontré Jésus.

Le diable. La Bible est très claire au sujet du vieil ennemi qui s'oppose à tout ce qui concerne Dieu. Cet ennemi est le diable, ou Satan. L'enfer est un lieu créé pour Satan (Mt 25.41). Le royaume du mal et des démons est très mystérieux, et nous sommes mis en garde contre lui. Dans certaines cultures, cette présence satanique semble franchement manifeste, alors que dans d'autres, elle est beaucoup plus subtile. Il ne fait pas de doute que Satan préfère rester caché, parce que ceux qui ne font pas de cas de lui ne font pas de cas de Christ non plus. Cependant, les premiers disciples ont appris que Jésus pouvait chasser les démons par sa parole (ils entendaient les démons implorer la miséricorde de Jésus, Mc 5.12). Les disciples ont appris qu'ils étaient en sécurité lorsqu'ils se trouvaient auprès de Jésus, et cela s'applique aussi bien à nous.

REVÊTEZ-VOUS DU SEIGNEUR JÉSUS-CHRIST

 Lecture biblique : 13.11-14

Il faut être réaliste quant à notre lutte avec le monde, la chair et le diable. Chacun de ces trois ennemis est assez puissant pour nous détruire, et il est impossible de les vaincre par nos propres forces quand ils sont réunis. Toutefois, nous *pouvons* demeurer des disciples fidèles et efficaces en gardant Jésus au centre de notre vie et de notre pensée. Réfléchissez à sa justice, révélée par l'Évangile, comme les « armes de lumière » que nous revêtons (Ro 13.12). Cette pensée semble peut-être simpliste, mais c'est un principe

---

6. Un rappel : c'est ainsi que la *Segond 21* traduit « chair ».

fondamental de la vie avec Christ. Encore et encore, les disciples de Jésus trébuchent et tombent parce qu'ils s'efforcent de se discipliner à changer pour « faire mieux la prochaine fois ». Plus vous vous concentrez sur votre péché — même en étant motivé par le désir d'en être libéré — plus son emprise sur vous devient importante. « Revêtez-vous du Seigneur Jésus-Christ » (13.14), et vous commencerez à expérimenter « le renouvellement de l'intelligence » qui vous aide à ne pas vous conformer au « siècle présent » (12.2).

Vous souvenez-vous de la première étape de la marche chrétienne pour être un disciple grâce à l'Évangile ? C'est de garder l'Évangile au centre de notre vie (chapitre 4). L'Évangile révèle la gloire et la majesté de Jésus et, par la foi, nous revêtons le Seigneur Jésus-Christ. Lisez Romains 13.14 encore une fois, parce que c'est le seul moyen de pouvoir commencer à nous débarrasser de toutes les vieilleries de notre ancienne vie — en nous revêtant « du Seigneur Jésus-Christ », nous découvrirons que notre esprit n'est plus aussi attiré par les convoitises de la chair.

 Temps de réflexion

Arrêtez-vous et réfléchissez à ce principe fondamental qui s'applique à votre vie avec Jésus. Voyez-vous la différence entre essayer de vaincre nos péchés et nos luttes de toutes nos forces et apprendre à garder les yeux sur Jésus tel qu'il est révélé dans l'Évangile afin de trouver la puissance en Christ pour remporter la victoire ? La différence est importante. Discutez-en avec les membres de votre groupe.

Résumé du chapitre 10

La quatrième étape de la marche chrétienne — l'obéissance à l'Évangile — est une obéissance qui découle de la foi. L'appel à dédier notre vie au service de Dieu suit naturellement la longue description que fait Paul de la miséricorde de l'Évangile.

La vie au sein d'une communauté :
- Être membre d'une Église est un incontournable selon l'apôtre Paul lorsqu'il parle de l'obéissance qui découle de la foi.
- Réfléchissez aux dons que vous pouvez mettre au service du corps de Christ.

L'amour doit être sincère :
- L'amour résume tous les commandements.
- L'*amour* est un amour *agapé* — un mot qui parle d'action et d'engagement.

L'amour est l'accomplissement de la loi :
- Apprenez les dix commandements.

Revêtez-vous du Seigneur Jésus-Christ pour vaincre les ennemis de la foi :
- Le monde, la chair et le diable sont puissants, mais Jésus l'est encore plus.

Vos devoirs

1. **Continuez de lire régulièrement la Bible.** Terminez votre lecture de l'épître aux Romains pour vous préparer à la prochaine leçon. Poursuivez votre lecture du livre des Actes. Cette lecture devrait vous aider à avoir une meilleure vue d'ensemble du monde dans lequel l'Église est apparue.

2. **Mémorisez les dix commandements.** Tout comme la prière du Seigneur, les Dix commandements doivent être imprimés sur votre cœur. Ils forment une source de sagesse remarquable qui vous aidera à prendre des décisions difficiles.

3. **Méditez encore plus sur les dons spirituels.** Vous devriez en parler avec les membres de votre Église qui ont appris à vous connaître. Bien souvent, ceux qui nous entourent sont bons pour déceler comment nous pouvons servir dans le corps de Christ. Écrivez dans votre journal à ce sujet.

CHAPITRE 11

L'Évangile change tout

VOUS ÊTES MAINTENANT UN MISSIONNAIRE

Lorsque Jésus a appelé les premiers disciples à le suivre, ces derniers n'avaient probablement aucune idée de ce que représentait cet appel. L'appel consistait à suivre Jésus, et c'est ce qu'ils ont fait. Ils l'ont suivi alors qu'il guérissait les malades, chassait des démons, nourrissait ceux qui avaient faim et enseignait d'une façon qui étonnait le peuple et irritait les autorités religieuses. Finalement, Jésus est allé jusqu'à la croix à cause de la haine que les hommes éprouvaient envers lui, mais aussi parce que c'était la volonté de Dieu. C'est alors que Dieu a renversé la puissance de la mort et de l'enfer en ressuscitant Jésus-Christ des morts et en l'accueillant à nouveau auprès de lui.

Selon vous, qu'est-ce qui a traversé l'esprit et le cœur des premiers disciples alors que l'histoire de l'Évangile était révélée dans la vie et le ministère de Jésus ? Vous avez appris de plus en plus de choses sur Jésus et sur la marche chrétienne. Maintenant, nous devons considérer un autre aspect important de la vie du disciple — la mission. Jésus est venu en mission et a appelé ses disciples à se joindre à lui dans cette mission. Vous rappelez-vous que c'est exactement ce que Jésus a dit lorsqu'il a appelé Pierre et André ainsi que Jacques et Jean ? Il a dit : « Suivez-moi, et je vous ferai pêcheurs d'hommes » (Mc 1.17). Il s'adressait à des hommes qui pêchaient pour vivre, leur annonçant que la direction et le but de leur vie allaient maintenant changer.

Êtes-vous un disciple de Jésus ? Avez-vous répondu à son appel à le suivre ? Ainsi, vous avez également un nouveau but pour votre vie. Vous êtes en mission — *cela fait de vous un missionnaire* ! C'est bien vrai ! Réfléchissez-y — un missionnaire est une personne envoyée en mission, et chaque disciple de Jésus est appelé à participer à sa mission. La question devient donc, que représente pour *vous* le fait d'être un missionnaire ?

Tous les disciples peuvent prendre part à la mission de Jésus d'au moins deux façons :

- *En apprenant à soumettre toutes choses à l'autorité de Jésus.* Nous devons apprendre à voir le monde et la vie dans la perspective de Dieu et à façonner notre vie en conséquence. C'est le point central de ce chapitre.

- *En participant au mandat de Jésus de faire de « toutes les nations des disciples ».* Nous participons à répandre le message de l'Évangile dans le monde entier en faisant des disciples là où nous sommes. Ce sera le point central du dernier chapitre.

TRANSFORMÉS PAR LE RENOUVELLEMENT DE NOTRE INTELLIGENCE

Lisez les versets clés de l'obéissance à l'Évangile encore une fois (Ro 12.1,2) :

> Je vous exhorte donc, frères, par les compassions de Dieu, à offrir vos corps comme un sacrifice vivant, saint, agréable à Dieu, ce qui sera de votre part un culte raisonnable. Ne vous conformez pas au siècle présent, mais soyez transformés par le renouvellement de l'intelligence, afin que vous discerniez quelle est la volonté de Dieu, ce qui est bon, agréable et parfait.

Avez-vous remarqué que le *renouvellement de notre intelligence* se produit alors que nous offrons notre corps comme sacrifice vivant ? Ainsi, grâce à la miséricorde de Dieu envers nous par l'entremise de Christ, ce n'est pas seulement notre cœur qui a changé, mais aussi notre façon de *penser*. Pour commencer, nous avons une nouvelle compréhension de Jésus — il est maintenant notre Seigneur, notre Sauveur et notre Roi. Porter notre attention sur Jésus est la première étape vers notre *transformation* par le renouvellement de notre intelligence. Souvenez-vous que le mot utilisé pour *transformé* est le même que celui pour *métamorphosé*. C'est le même mot qui est utilisé dans 2 Corinthiens 3.18 pour décrire notre transformation à l'image de Christ en manifestant sa gloire à travers l'Évangile.

Le renouvellement de notre intelligence implique également que nous commençons à voir la vie différemment. N'oubliez pas qu'en tant qu'incroyants, nous avons regardé l'univers de Dieu d'un point de vue très égoïste. *À quoi ce monde ressemblerait-il si nous pouvions le voir avec les yeux de Dieu ?* C'est ce que nous découvrons en lisant la Bible régulièrement. Ce que vous y lisez ne s'applique pas toujours directement à vous, mais vous verrez de plus en plus la vie dans la perspective de Dieu. C'est ce qu'on appelle la *vision biblique du monde* ou la *vision chrétienne du monde*. Chaque personne a sa propre vision du monde, même si elle est incapable de l'expliquer[1]. En tant que disciples de Jésus, nous devons prier pour le renouvellement de notre intelligence afin que notre façon de penser soit conforme à la volonté de Dieu et non à celle du monde, et que nous menions une vie selon cette vision du monde. « La raison pour laquelle l'Église n'exerce pas d'influence au sein de notre culture est que nous ne connaissons ni ne mettons en pratique la vision biblique du monde, centrée sur Christ, poussée par l'Esprit et qui glorifie Dieu, vision que nous obtenons par la grâce[2]. » Notre étude de l'épître aux Romains sert d'introduction à plusieurs exemples de cette nouvelle vision du monde.

 Pour en savoir plus

Voici Charles Colson.

Charles Colson était un politicien extrêmement déterminé et impitoyable, membre du gouvernement des États-Unis sous la présidence de Richard Nixon dans les années 70. Dieu a surgi dans la vie de « Chuck », qui s'est converti à Christ de façon spectaculaire[3]. Son ancienne vie l'a pourtant rattrapé, il a été arrêté et accusé, il a plaidé coupable d'abus de pouvoir, et a

---

1. Philip Graham Ryken, *What is the Christian Worldview ?* [Quelle est la vision chrétienne du monde ?], Phillipsburg, NJ, P&R Publishing, 2006, p. 6.

2. Ibid., p. 11.

3. Le chapitre 6 de mon livre *Spiritual Birthline : Understanding How We Experience the New Birth* [La ligne du temps spirituelle : comprendre notre expérience de la nouvelle naissance], Wheaton, IL, Crossway Books, 2006, renferme une analyse de l'expérience de conversion de Chuck.

passé plusieurs mois en prison. Je me rappelle avoir lu un entretien dans le journal peu de temps après que sa « nouvelle naissance » soit devenue publique. À la fin de l'entretien, on lui a demandé ce qui avait changé depuis qu'il avait placé sa confiance en Jésus. Il a répondu qu'il comprenait maintenant que Washington n'était pas le vrai centre de pouvoir, comme il l'avait cru. Cette déclaration m'a montré qu'il n'était plus le même homme — il n'était pas seulement « religieux », mais toute sa vision du monde avait radicalement changé.

Lorsque Chuck a quitté la prison, il a immédiatement mis sur pied la Fraternité des prisons, un ministère qui est devenu le plus grand ministère dans les prisons au monde. La Fraternité des prisons est un excellent exemple du travail de l'Évangile qui est premièrement personnel, et qui se propage ensuite vers des familles et des communautés. Alors qu'il grandissait dans la foi, Chuck a développé la passion d'aider les chrétiens à *penser* comme des chrétiens, et il a énormément écrit au sujet de la vision biblique du monde. Si vous recherchez une source pratique et utile qui vous aidera à adopter une perspective chrétienne dans tous les aspects de la vie, consultez les ouvrages de Charles Colson[4].

SE SOUMETTRE AUX AUTORITÉS

Un exemple important de la vision biblique du monde concerne les autorités en place sur la terre dans Romains 13. L'œuvre de Dieu dans le monde va bien au-delà de ce qu'il fait par l'Église. Même

---

4. Voici un bon endroit où commencer : www.breakpoint.org (en anglais seulement).

un gouvernement hostile à l'Évangile a été établi par Dieu pour maintenir la justice. Essayez de lire ce passage en vous mettant à la place d'un croyant à Rome. Ils étaient menacés par les autorités en place, et ces autorités étaient là selon la volonté de Dieu. Remarquez que les représentants du gouvernement sont appelés « serviteurs de Dieu » à trois reprises.

 Lecture biblique : Romains 13.1-7

Ce passage peut engager une discussion concernant le gouvernement, les pouvoirs de la police, les impôts, etc. Vous pourrez y revenir plus tard. Pour l'instant, voyez ce passage comme un exemple de la vision différente des disciples de Jésus. Ainsi, nous comprenons davantage que Dieu règne sur le monde entier — que les gens acceptent ou non son règne. Finalement, c'est le plan de Dieu qui s'accomplit en toute chose.

ACQUITTEZ-VOUS DE TOUTES VOS DETTES

Les disciples de Jésus ont également une vision différente de l'argent et des biens. De façon très concise, Paul a dit que la seule dette que nous devrions avoir est celle de nous aimer les uns les autres (Ro 13.8). La manière dont nous gérons notre argent fait partie de notre vie de disciple. En effet, en empruntant la perspective biblique, ce n'est pas *notre* argent — c'est celui de Dieu. Nous sommes appelés à être des intendants et des gestionnaires avec ce que Dieu nous donne. C'est le thème principal de l'*intendance*. Un bon intendant doit être généreux lorsqu'il donne (12.8), mais il faut aussi qu'il gère bien *tout* ce que Dieu lui a donné. Comme il est écrit, il n'est pas bien d'être étranglé par une dette qui nous empêche de suivre Jésus dans de nouvelles directions. Jésus a fait une déclaration importante au sujet de l'argent auprès de ces disciples :

« Si donc vous n'avez pas été fidèles dans les richesses injustes, qui vous confiera les véritables ? » (Lu 16.11.) En d'autres mots, la façon dont nous gérons nos possessions sur terre démontre bien comment nous gérerons de plus grandes choses. Jésus a poursuivi en disant, « Nul serviteur ne peut servir deux maîtres. Car, ou il haïra l'un et aimera l'autre ; ou il s'attachera à l'un et méprisera l'autre. Vous ne pouvez servir Dieu et Mammon » (16.13).

Qu'est-ce que cela vous apprend sur l'argent et les possessions ? Reconnaissez-vous que Dieu est le véritable propriétaire de tout ce que vous avez ? Que pourriez-vous faire concrètement pour être un disciple fidèle en ce qui concerne les biens matériels ? Réfléchissez-y et parlez-en.

LA VOCATION

Certains formulaires renferment un champ libre pour que vous y inscriviez votre « profession ». C'est pour connaître le poste que vous occupez. Êtes-vous un professeur, un avocat ou un étudiant ? Originellement, une *vocation* était un « appel ».

C'est une autre façon de comprendre l'appel de Dieu. Comme nous l'avons vu, l'appel efficace nous conduit au salut et fait de nous des disciples. Or, Dieu nous appelle à vivre cet appel de différentes façons. Par exemple, Paul a été appelé à devenir apôtre (Ro 1.1), ce n'est pas le cas de tout le monde. En tant que disciple de Jésus, vous aurez aussi à voir votre vie comme un appel de Dieu. Pour la plupart d'entre nous, cet appel ne sera pas aussi spectaculaire que celui de devenir apôtre, en effet, notre appel sera de vivre notre vie chrétienne de façon assez ordinaire.

Vous n'avez pas à étudier ce passage dans ses moindres détails, mais prenez conscience de l'esprit de communauté entre les disciples, qui se servaient les uns les autres dans le même corps, et qui sortaient ensuite pour servir Jésus dans le monde, comme

> **Pour en savoir plus**
>
> *Donc je ne peux plus être un pêcheur (ou un professeur, un médecin, un fermier) ?*
>
> Non, au contraire. Il est vrai que certaines personnes sont appelées à quitter leur emploi actuel pour devenir des prédicateurs ou des enseignants. Toutefois, ce que Jésus veut pour la plupart de ses disciples est qu'ils restent chez eux et continuent d'être des pêcheurs, des menuisiers ou des mères (ou même des collecteurs d'impôts !) pour *la gloire de Dieu*. Un disciple de Jésus devrait voir sa profession comme son appel, et il devrait chercher à l'exercer de manière à refléter la personne de Jésus. Par exemple, un homme appelé à entrer dans la police est décrit comme un serviteur de Dieu (Ro 13.4). Comme il est merveilleux d'avoir un tel serviteur qui n'abusera pas de son pouvoir, qui ne se laissera pas soudoyer et qui se souciera sincèrement des faibles et des indigents dans notre société ! Notre monde a besoin de personnes qui répondent à l'appel à servir Jésus en tant que disciple en devenant policier. La même idée s'applique aux artistes, aux banquiers, aux infirmiers, aux conducteurs d'autobus et aux étudiants.

Éraste, qui était le trésorier de la ville (16.23). Remarquez qu'une grande partie des disciples mentionnés sont des femmes. Bien qu'il soit clair que les ministères de pasteurs et d'anciens sont réservés aux *hommes* (1 Ti 3), il est évident que Paul désirait inclure les femmes dans le travail de l'Église.

L'ÉVANGILE CHANGE TOUT

 Lecture biblique : Romains 16.1-23

Il y a trois façons de comprendre l'appel :

- Nous sommes *tous* appelés à suivre Jésus, donc à nous repentir, à placer notre foi en Jésus seul et à vivre dans l'obéissance de la foi.

- Nous sommes *tous* appelés à servir Jésus et à nous servir les uns les autres dans le corps de Christ. Nous avons des « dons » qui aident notre communauté à rester saine et unie.

- Nous avons *tous* pour vocation, comme appel, de servir Jésus dans ce monde. Nous ne devrions pas séparer ce que Dieu veut que nous fassions quotidiennement de notre vie chrétienne. Tout ce que nous avons et tout ce que nous faisons doivent être consacrés à notre service pour Christ.

 Pour en savoir plus

Voici Jonah Kule.

Jonah sert merveilleusement bien d'exemple d'une personne qui a vu sa profession comme un appel de Dieu. Il a grandi dans la communauté très pauvre de Bundibugyo, situé dans la partie ouest de l'Ouganda en Afrique. Il est devenu un disciple de Jésus alors qu'il était un jeune homme, et il a commencé à servir Jésus en distribuant des médicaments dans une clinique locale. Il est ensuite devenu l'assistant de deux médecins missionnaires qui habitaient dans sa ville. L'intégrité de Jonah les a encouragés à entreprendre des démarches pour l'envoyer dans une école de médecine — c'était la première fois en trente ans que cela arrivait à une personne de sa région. Il était dans la mi-trentaine lorsqu'il est parti étudier, et il était meilleur que beaucoup d'étudiants plus jeunes. Lorsqu'il a reçu son diplôme, il a décliné plusieurs offres intéressantes afin de retourner servir son propre peuple. Les gens de Bundibugyo se sont attachés à « leur médecin », contrairement à certains autres médecins qui ne l'aimaient pas parce qu'il n'imposait pas de frais additionnels pour ses services. Il croyait que Dieu l'avait appelé pour servir, et que Dieu allait pourvoir à ses besoins.

Ayant appris la nouvelle d'une maladie mystérieuse qui se répandait dans un village éloigné, Jonah a été le premier à se rendre sur les lieux. Il s'attendait à une vague de choléra, mais c'était plutôt une épidémie de l'affreux virus d'ebola. Heureusement, l'épidémie a été maîtrisée en l'espace de quelques semaines, mais elle a emporté avec elle la vie de Dr Jonah Kule, le 4 décembre 2007. Il savait qu'il allait mourir, mais ses dernières paroles ont exprimé la vision qu'il avait des autres : « Je vais maintenant mourir, et je prie afin que personne d'autre n'ait à mourir de cette maladie[5]. »

Quelle est votre vocation dans cette période-ci de votre vie ? Avez-vous réfléchi à ce que vous faites quotidiennement en tant que disciple ? Que pouvez-vous faire pour adopter de plus en plus

---

5. Tel que rapporté dans le blogue de Dr Scott et Dre Jennifer Myrhe : http://paradoxuganda.blogspot.com (en anglais seulement).

une vision biblique du monde dans votre travail ? Réfléchissez-y et parlez-en avec votre groupe.

LE FAIBLE ET LE FORT

Pour le disciple de Jésus, une intelligence renouvelée fait naître une sollicitude toute spéciale envers le pauvre et l'indigent. Dans notre « chair », nous voulons savoir comment être plus fort que les autres. Nous voulons gagner à tout prix, et il n'y a rien de pire qu'être un « perdant ». Cependant, pour devenir un disciple de Jésus, nous devons nous humilier dans la repentance, et nous découvrons dans cette « faiblesse » la véritable force en Christ. À présent, parce que Christ est Seigneur, nous n'avons plus à traiter les autres de haut.

Dans le chapitre 14, Paul applique cette idée au problème des croyants plus faibles qui sont offensés par d'autres croyants à cause de leurs habitudes alimentaires (ce pourrait être des Juifs chrétiens qui ne se restreignaient plus à la nourriture « casher »), ou à cause de leur façon d'observer certains jours (ce pourrait être des païens qui n'observaient pas le sabbat des Juifs). Pour certaines choses, ce qui est bien ou mal n'est pas clairement défini — mais il *est* mal d'ignorer ce qui donne de la difficulté aux plus faibles. L'amour pour notre prochain doit l'emporter sur des choses comme le manger et le boire : « Pour un aliment, ne détruis pas l'œuvre de Dieu… Nous qui sommes forts, nous devons supporter les faiblesses de ceux qui ne le sont pas, et ne pas chercher ce qui nous plaît… Accueillez-vous donc les uns les autres, comme Christ vous a accueillis, pour la gloire de Dieu » (Ro 14.20 ; 15.1,7).

 Lecture biblique : Romains 14.15–15.4

Pensez aux répercussions de ce principe du fort au service du faible dans notre vision du monde et nos actions :

- On se soucie particulièrement des enfants — qu'ils soient nés ou pas. Les chrétiens de l'Église primitive venaient au secours des bébés abandonnés à une mort certaine (une forme plus ancienne d'avortement).

- On prend soin des pauvres. Les chrétiens s'assurent que tous les besoins des membres de leur communauté soient comblés et essaient aussi de venir en aide à leur entourage. Parfois, donner de l'argent n'est pas ce qui aide le plus. C'est pourquoi l'Église a réfléchi et a agi pour aider les pauvres de façon à ce qu'ils parviennent à répondre eux-mêmes à leurs besoins.

- Il y a toujours un ministère dans l'Église dédiée à prendre soin des personnes malades, handicapées ou mourantes. Plusieurs Églises sont fortement engagées dans les ministères qui viennent en aide de diverses façons à ceux qui souffrent.

- On fait la paix et on se réconcilie. Lorsqu'une vision chrétienne du monde est bien établie au sein de l'Église (et il y a malheureusement beaucoup d'exemples de chrétiens qui expriment le racisme et la haine de ce monde), les disciples de Jésus sont les premiers à briser les murs qui séparent les peuples.

C'EST L'ÉVANGILE

Commencez-vous à comprendre la phrase « l'Évangile change tout » ? J'ai entendu cette phrase pour la première fois lors d'une association avec le ministère de l'Église presbytérienne Redeemer dans la ville de New York. Conduite par son pasteur, Tim Keller, Redeemer a un impact formidable sur une ville très laïque, et les leçons qui y sont apprises ont été appliquées dans d'autres Églises de grandes villes partout dans le monde. Voici la vision de Redeemer : « Chercher à transformer la ville socialement, spirituellement et culturellement[6]. » Comment s'y prend-elle ? Ses membres sont déterminés à garder Christ tel qu'il est révélé dans l'Évangile au centre de leur vie, puis ce même Évangile ouvre la voie pour atteindre chaque domaine de la vie des gens et de la ville. N'oubliez pas que c'est une Église. L'impact qu'a cette Église est bien plus grand que l'impact que pourrait avoir une seule personne. En tant qu'Église, les membres de Redeemer suivent Jésus et ont un impact visible partout dans le monde. L'impact que vous aurez avec votre Église sera peut-être différent — mais l'Évangile change vraiment tout, en commençant par vous, puis en continuant dans le monde qui vous entoure.

Voici la valeur essentielle de Redeemer, qui constitue une excellente conclusion à cette leçon sur l'obéissance à l'Évangile :

> **L'Évangile change tout.** L'Évangile n'est pas l'ABC du christianisme, c'est le A à Z. Ce n'est pas simplement la doctrine minimale requise pour le salut, c'est le cœur et le point central de toute doctrine. L'Évangile est le moyeu de la « roue » de la vérité. Ce n'est pas seulement l'entrée vers le royaume, c'est aussi le moyen par lequel nous progressons (Ga 3.1-3) et sommes renouvelés, tant personnellement (Co 1.6) que socialement (Ga 2.14). L'Évangile nous transforme en nous confrontant à nos « idoles » personnelles et collectives. Les idoles sont toujours des moyens de rechange pour obtenir le salut par les œuvres et éviter le salut par la grâce de Christ. Psychologiquement, tout désespoir, toute culpabilité, toute peur et toute irritation démontrent que quelque chose d'autre que Jésus et sa grâce (la carrière,

---

6. Voici le site Web de l'Église presbytérienne Redeemer : www.redeemer.com (en anglais seulement).

la famille, le succès, l'amour) occupe la fonction de sauveur. Sociologiquement, toute injustice, toute violence, toute querelle, toute dépendance et toute intolérance démontrent que quelque chose d'autre que Jésus et sa grâce (la richesse, la race/le sang, l'état, la raison humaine) occupe la fonction de sauveur[7].

Résumé du chapitre 11

L'obéissance à l'Évangile, c'est se joindre à Jésus dans sa mission. *Nous sommes des missionnaires !* Ainsi :

- Nous apprenons à tout voir comme étant sous le règne de Christ.
- Nous participons à l'œuvre de Jésus en annonçant l'Évangile à toutes les nations.

Dieu veut renouveler notre intelligence. Une vision chrétienne du monde devrait être accompagnée d'un mode de vie chrétien, qui a des répercussions dans tout ce que nous faisons. Voici des exemples de la vision et du mode de vie chrétiens :

- La volonté de Dieu concernant les autorités en place.
- L'utilisation de l'argent et des possessions.
- La vocation.
- L'aide pour les faibles.

L'appel à devenir un disciple dans notre quotidien est un appel à comprendre que *l'Évangile change tout.*

---

7. Notes de cours, « Redeemer : A Gospel Driven Church Model » [Redeemer : un modèle d'Église centré sur l'Évangile].

Vos devoirs

1. **Continuez à lire régulièrement la Bible.** Assurez-vous d'avoir terminé la lecture de l'épître aux Romains et du livre des Actes. Préparez-vous pour la prochaine leçon en lisant la lettre de Paul à Tite.

2. **Réfléchissez et écrivez au sujet de votre vocation.** Révisez les trois idées de l'appel telles qu'elles se manifestent dans votre vie. Plus particulièrement, quel est votre appel pour servir Christ dans le monde en ce moment ?

3. **Commencez à réfléchir au sujet du ministère après cette étude.** Dans la prochaine leçon, nous parlerons de votre participation dans la grande œuvre de Jésus, qui est de faire connaître l'Évangile à toutes les nations, y compris à votre famille et à votre communauté. Vous avez besoin de prier pour connaître quelles sont les actions à entreprendre. Nous y reviendrons plus tard.

TROISIÈME PARTIE

SUIVRE JÉSUS DANS SA MISSION

Nous ne pouvons pas étudier la marche chrétienne ni répondre à l'appel de Jésus à le suivre sans nous demander : « Où cela mène-t-il ? » Pour terminer cette étude, nous avons besoin d'une leçon sur le but ou la mission des disciples de Jésus. Simplement : nous sommes appelés à poursuivre la mission que Jésus a commencée.

Chapitre 12 : Des disciples qui forment d'autres disciples

CHAPITRE 12

Des disciples qui forment d'autres disciples

QU'EST-IL DONC ARRIVÉ À TITE ?

Nous avons commencé cette étude de la marche chrétienne en observant un jeune Romain qui s'appelle Tite. Je n'ai pas choisi ce nom par hasard. En effet, on retrouve un homme du nom de Tite dans le Nouveau Testament, il était l'un des compagnons de Paul dans son ministère. Vers la fin du ministère de Paul, il était l'un de ses plus fidèles ouvriers, et a été désigné pour implanter une Église sur l'île de Crète, comme il est écrit dans la lettre de Paul à son intention (Ti 1.4,5). Il n'est pas le même Tite que dans notre histoire, mais il est un modèle à suivre pour notre Tite, ainsi que pour tous les disciples qui font cette étude. Prenez quelques minutes pour réviser ce que les leçons vous ont appris :

- Comme Tite, nous commençons tous notre marche chrétienne en étant attirés à Jésus. Je crois que c'est seulement en jetant un regard en arrière que nous réalisons que nous avons été *appelés* par Jésus. C'est un appel à nous repentir et à croire en Jésus pour notre salut, c'est un appel qui se fait par le biais de l'Évangile.

- L'appel à être sauvé est aussi un appel à suivre Jésus comme disciple. N'oubliez pas la leçon sur le mot *disciple* qui est un autre terme pour décrire un *croyant* ou un *chrétien*. Vous l'avez appris lors de votre lecture du livre des Actes, où le mot le plus utilisé pour désigner ceux qui ont cru en Jésus était *disciple*. C'était dans l'une des premières Églises, dans la ville d'Antioche, que les disciples ont été appelés « chrétiens » pour la première fois (Ac 11.21,26).

- Ceux qui suivent Jésus sont comblés de bénédictions extraordinaires à cause de son appel. Nous avons survolé le thème de la *justification*, de la *sanctification*, de l'*adoption* et de la *glorification*. Chacune de ces bénédictions est une révélation de la « justice de Dieu » révélée par l'Évangile (Ro 1.17) et reçue par la foi.

- La vie de disciple demande de s'abandonner entièrement pour être un « sacrifice vivant » (12.1). Nous sommes appelés à « l'obéissance de la foi » (1.5 ; 16.26), qui peut être résumée comme « la foi qui est agissante par l'amour » (Ga 5.6).

- Les disciples de Jésus sont des missionnaires. Lorsque Jésus a appelé ses premiers disciples, c'était pour qu'ils le suivent *dans sa mission*. Cette mission, comme nous l'avons vu dans la dernière leçon, est d'appliquer la vision chrétienne du monde dans tous les aspects de notre vie dans le monde.

- Suivre Jésus dans sa mission implique également de prendre part au plan de Dieu en annonçant l'Évangile à toutes les nations. En d'autres mots, nous qui avons été appelés à suivre Jésus en tant que disciples sommes maintenant appelés à « faire des disciples » (Mt 28.19). C'est ce que je voulais dire par « des disciples qui forment d'autres disciples ».

FAIRE DE TOUTES LES NATIONS DES DISCIPLES

Lorsque les écrivains des quatre évangiles ont raconté l'histoire de Jésus, ils ont tous mis en évidence le rôle central de la croix et de la résurrection. Le plan merveilleux de Dieu d'amener la paix et le salut dans un monde déchu ne pouvait s'accomplir que par le sacrifice du Fils de Dieu allant à la croix en tant qu'« Agneau de Dieu qui ôte le péché du monde » (Jn 1.29). Une fois ressuscité des morts, Jésus s'est tout de suite concentré sur la mission qui était maintenant possible grâce à ce qu'il avait fait. Après sa résurrection, ses premières paroles à l'intention des disciples ont été : « Comme le Père m'a envoyé, moi aussi je vous envoie » (Jn 20.21). En d'autres mots, Jésus passait le flambeau à ses disciples. C'était eux qui allaient poursuivre la mission que le Père avait donnée à Jésus.

À une autre occasion, Jésus était avec les disciples en Galilée, la région d'où venaient la plupart d'entre eux. Certains parmi eux avaient encore de la difficulté à comprendre ce qui était en train de se passer (« quelques-uns eurent des doutes », Mt 28.17), mais Jésus a prononcé des paroles qui sont aujourd'hui connues comme le *Grand Mandat*. Il est très important de comprendre ce passage.

 Lecture biblique : Matthieu 28.16-20

SUIVRE JÉSUS DANS SA MISSION

Avez-vous remarqué que Jésus commence et termine en mentionnant *son autorité* (v. 18) et *sa présence* (v.20) lorsqu'il donne le Grand Mandat ? Ainsi, il est clair que nous ne sommes pas laissés à nous-mêmes avec l'appel à faire « de toutes les nations des disciples » (v. 19). L'une des grandes prophéties de l'œuvre du Messie se trouve dans Ésaïe 49.6 : « Je t'établis pour être la lumière des nations, pour porter mon salut jusqu'aux extrémités de la terre ». Cette mission est menée à bien en ce moment même — elle est remplie par ses disciples, qui sont remplis de sa puissance[1].

Regardez bien attentivement les quatre mots clés du Grand Mandat : *allez, faites des disciples, baptisez-les* et *enseignez-les*. Le commandement principal est celui de faire des disciples. Les trois autres mots expliquent *comment* le faire.

En allant. L'idée n'est pas nécessairement d'aller loin de chez nous, mais plutôt de se consacrer à cette mission. Le mot utilisé par certains pour expliquer cette idée est *intentionnel*. Ce ne sont pas seulement les missionnaires dans les pays étrangers ou les prédicateurs qui font des disciples, au contraire, *tous* les disciples sont appelés à faire d'autres disciples. Levez les yeux et soyez attentifs aux occasions qui s'offrent à vous pour faire partie de la vie des gens près de vous, au travail comme à la maison.

En les « baptisant au nom du Père, du Fils et du Saint-Esprit ». Comme nous l'avons étudié, le nouveau disciple est premièrement appelé à se préparer à témoigner publiquement de sa foi en Jésus. C'est un fruit de la *conversion*, et le travail qui mène une personne vers la conversion est habituellement appelé *évangélisation*. Cette compréhension de l'évangélisation est tout à fait juste, tant et aussi longtemps qu'elle n'est pas différenciée du fait de faire des disciples. En pratique, le Grand Mandat est trop souvent lu comme

---

1. Remarquez Actes 13.47, où Paul cite les mêmes textes pour appuyer son appel pour l'enseignement des païens.

un commandement d'aller et de *convertir* les gens, ce qui est loin d'être le commandement de Jésus. Les Églises du monde entier sont remplies de personnes qui disent être chrétiennes, qui ont peut-être même récité une prière pour obtenir le salut, mais qui semblent n'avoir aucune idée de ce que doit être un disciple. Si toutes les personnes qui remplissent les Églises comprenaient le Grand Mandat et prêchaient un Évangile qui appelle les hommes et les femmes à devenir des disciples, nous pourrions commencer à voir ce problème réglé.

Et « *enseignez-leur à observer tout ce que je vous ai prescrit* ». Témoigner publiquement que Jésus-Christ est notre Seigneur et Sauveur, et vivre dans l'obéissance à ses enseignements sont deux éléments essentiels pour faire des disciples. C'est ce que représente le fait de *devenir un disciple grâce à l'Évangile*, tant avant qu'après avoir placé sa foi en Jésus. La première étape d'une vie d'obéissance aux enseignements de Jésus se produit *avant* que nous nous fassions baptiser, car par son appel, Jésus nous commande de nous repentir, de croire en l'Évangile et de le suivre. Notre croissance comme disciple se poursuit alors que nous restons concentrés sur Jésus en apprenant ce qu'il veut que nous fassions. C'est pourquoi faire des disciples est l'œuvre la plus importante au sein de nos Églises. Ce n'est pas un « programme » dans l'Église, mais le cœur de la mission de l'Église.

 Temps de réflexion

Arrêtez-vous et réfléchissez à tous les disciples qui ont travaillé à faire de vous un disciple. Qui vous a conduit à Christ ? Est-ce qu'il y en a qui sont restés dans votre vie pour vous aider lorsque vous aviez de la difficulté à croire et à suivre Jésus ? Qui vous a aidé à grandir dans la foi ? Ces personnes étaient des « disciples qui font des disciples ». Vous ne vous sentez peut-être pas à la hauteur d'une telle responsabilité maintenant, mais commencerez-vous par dire au Seigneur que par sa puissance, vous êtes un de ceux qui veulent « aller » ? Parlez-en avec d'autres personnes.

EN PARTENARIAT AVEC L'ÉVANGILE

Comprendre que faire des disciples est la mission de toute l'Église, c'est comprendre qu'on ne nous demande pas de tout faire. Le concept des dons spirituels que nous avons étudié s'applique aussi au Grand Mandat. Un bon exemple est la façon dont l'apôtre Paul a impliqué des Églises dans sa mission d'aller vers les païens qui n'avaient jamais entendu parler de Jésus. Dans sa lettre aux Philippiens, il a appelé cela « la part que vous prenez à l'Évangile » (Ph 1.5). Aux yeux de Paul, les prières et les dons en argent étaient des investissements pour l'œuvre de l'Évangile, et tous les fruits qu'il en récoltait étaient aussi les leurs. Selon lui, les membres de l'Église qui restent chez eux sont tout aussi importants que ceux qui s'élancent au front afin de propager l'Évangile (4.14-19).

Notre dernière lecture dans l'épître aux Romains en révèle encore plus sur l'intention de Paul de rendre visite aux chrétiens de Rome. Dans le premier chapitre, il leur a dit qu'il viendrait, mais il donne plus de détails dans le chapitre 15. Paul écrivait cette lettre de la Grèce, et devait apporter une offrande de la part des Églises de la Macédoine et de l'Achaïe (deux régions de la Grèce) aux croyants de Jérusalem qui étaient dans le besoin. Après cette visite, il avait l'intention de voyager par bateau de Jérusalem à Rome, puis vers sa prochaine mission, l'Espagne. D'après votre lecture du livre des Actes, vous avez appris que Dieu a changé les plans de Paul, bien qu'il ait plus tard rendu visite aux chrétiens de Rome, mais à titre de prisonnier du gouvernement romain. Quelques indices dans les derniers livres qu'il a écrits portent à croire qu'il a encore voyagé par la suite (1 Ti 1.3 ; Tit 1.3 ; 3.12), donc il a très bien pu accomplir son désir de rendre visite aux chrétiens de l'Espagne (Paul était très déterminé !).

 Lecture biblique : Romains 15.23-33

Paul était le missionnaire qui allait faire des disciples en Espagne, et il s'attendait à ce que l'Église de Rome se joigne à lui dans ce ministère d'au moins trois façons, que nous pouvons encore imiter aujourd'hui :

Ils l'accueilleraient et lui feraient du bien (15.29,32). Les Églises qui sont enthousiastes à l'idée d'aider et d'encourager les missionnaires qui œuvrent sur la ligne de front ont un impact considérable dans leur vie et leur ministère. Prendre le temps d'écouter ce que font les missionnaires, apprendre à les connaître et peut-être même les visiter là où ils travaillent sont pour eux de merveilleux cadeaux.

Ils le soutiendraient financièrement (15.24). Remarquez bien que le contexte dans lequel Paul recevait de l'aide pour son voyage en Espagne était l'offrande que d'autres croyants avaient préparée pour les pauvres de Jérusalem. Les dons en argent pour soutenir les missionnaires ont commencé par les femmes et les autres qui soutenaient Jésus (Lu 8.1-3). Donner est une merveilleuse façon d'utiliser l'argent que Dieu nous donne, et chaque Église devrait contribuer à la propagation de l'Évangile. Paul n'hésitait pas à demander ce genre d'aide pratique aux croyants de Rome. Commencez par contribuer financièrement aux projets missionnaires de votre Église, et peut-être qu'un désir de soutenir personnellement le ministère d'autres personnes grandira en vous.

Ils prieraient pour lui (15.30-32). Les difficultés que Paul rencontrait dans son voyage à Jérusalem puis à Rome pouvaient être surmontées grâce aux prières de l'Église. Il a dit à l'Église de

Philippe que « grâce à [leurs] prières et à l'assistance de l'Esprit de Jésus-Christ », il serait délivré (Ph 1.19). C'est ainsi qu'il considérait les prières des membres des Églises. C'est le grand mystère de la prière — que nos piètres paroles fassent une véritable différence dans l'accomplissement de l'œuvre de Jésus dans le monde. Commencez par prier pour l'avancement de l'œuvre de l'Évangile dans le monde. Avec le temps, vous rencontrerez des personnes qui visiteront votre Église ou qui partiront de votre Église, et vous pourrez vous joindre à leur ministère en priant pour eux de façon beaucoup plus personnelle. C'est aussi une façon de prier pour « que *[son]* règne vienne ; que *[sa]* volonté soit faite sur la terre comme au ciel ».

 Pour en savoir plus

Je ne me sens toujours pas équipé pour « faire des disciples ».

Pouvez-vous faire de la soupe ?

Une Église où j'ai déjà servi comme pasteur a accueilli un superbe ministère nommé *Exploration du christianisme*. Ce ministère consistait à présenter Jésus aux gens en utilisant l'Évangile selon Marc[2]. Tous les soirs, ils commençaient par servir un repas pour ceux qui se rendaient à l'église directement après le travail. Les membres de l'Église qui ne se sentaient pas capables de parler ou d'animer l'étude à une table venaient fidèlement, semaine après semaine, afin de préparer les repas pour l'ensemble du groupe. Pendant les semaines que durait ce ministère, plusieurs

---

2. Pour en découvrir plus sur ce ministère, visitez le www.christianityexplored.org (en anglais seulement).

personnes se sont senties de plus en plus attirées à Jésus. Plusieurs conversions s'en sont suivies ainsi que plusieurs confessions de foi publiques. Seriez-vous d'accord pour dire que ceux qui ont aidé à placer les tables et à préparer les repas ont joué un rôle important dans cet effort pour faire des disciples ? Bien sûr que oui ! Lorsque le désir de notre cœur est de voir des personnes transformées par la puissance de l'Évangile, Dieu trouve des façons de nous utiliser dans l'avancement de son royaume.

Il était intéressant de voir que les bénévoles dans la cuisine parlaient régulièrement de Jésus avec les invités. Bien qu'ils n'aient pas cru pouvoir « témoigner » dans le sens strict du terme, ils étaient heureux de raconter ce que Jésus avait fait dans leur vie. En d'autres mots, ils « témoignaient » en étant eux-mêmes, tout simplement.

DE RETOUR À JÉRUSALEM

Au « commencement de l'Évangile » (Mc 1.1), il n'y avait que Jésus. Puis, Jésus a appelé quatre autres personnes, puis encore d'autres. Au moment de l'ascension de Jésus pour retourner auprès de son Père dans les cieux, 120 croyants se rassemblaient pour écouter Pierre (Ac 1.15). Quelques jours plus tard, il a déversé le Saint-Esprit pour baptiser son Église, et c'est alors que 3 000 personnes ont répondu favorablement à son appel (2.41). Le nombre est vite passé à 5 000 (4.4). En réalité, le nombre était bien plus grand que cela, car un grand nombre des premiers croyants étaient retournés d'où ils venaient. C'est peut-être de cette façon qu'est née l'Église de Rome. Alors que les disciples commençaient à se disperser, leur nombre ne cessait d'augmenter. J'aime imaginer Jésus qui déverse le Saint-Esprit sur son Église comme s'il était dans le ciel, en train de faire basculer une grande cuve remplie de miel. Le miel est tombé sur les disciples à Jérusalem, puis il s'est mis à s'étendre tranquillement pour former un cercle de plus en plus grand. C'est une immense flaque de miel évangélique qui apporte de la douceur dans un monde amer. Ce qui est arrivé à Jérusalem, le septième dimanche suivant la première Pâque, qui était appelée la Pentecôte, était le commencement d'une œuvre qui se poursuit encore aujourd'hui. L'Évangile se répand toujours un peu plus loin, jusqu'au jour promis dans l'Ancien Testament, jour où la terre « sera remplie de la connaissance de l'Éternel, comme le fond de la mer par les eaux qui le couvrent » (És 11.9).

 Lecture biblique : Actes 1.1-11

C'est un autre exemple de l'enseignement de Jésus au sujet de sa mission après avoir fait ce que seul lui pouvait faire (après qu'il eut « souffert », 1.3). Luc, l'auteur du livre des Actes, a commencé en disant que, dans son premier livre (l'Évangile selon Luc), il a parlé « de tout ce que Jésus a *commencé* de faire et d'enseigner » (1.1). Le mot *commencé* exprime clairement que Luc s'apprête à écrire dans le livre des Actes ce que Jésus *continue* « de faire et d'enseigner ». Seulement, il le fait par son Église, qui a été baptisée du Saint-Esprit (1.4-8). Souvenez-vous que Jésus n'a pas commencé son ministère avant que le Père l'ait baptisé du Saint-Esprit (Mc 1.8-11), et Jésus fait maintenant la même chose pour ses disciples. Ils devaient attendre ce baptême (qui a eu lieu à peine quelques jours après la Pentecôte, Ac 2), puis, en commençant par Jérusalem, ils allaient parcourir les environs de la Judée, de la Samarie et jusqu'au bout de la terre, afin d'être ses témoins.

L'histoire de la multiplication des disciples de Jésus est l'une des plus remarquables que l'on pourrait imaginer. Deux mille ans après la Pentecôte, 2.1 millions de personnes se faisaient appeler chrétiens. C'est environ le tiers de la population de la terre, et l'expansion rapide de l'Église n'a pas cessé. Nous n'avons pas à juger quel pourcentage des 2.1 millions a une foi authentique, mais cela démontre que la mission de Jésus d'annoncer l'Évangile à toutes les nations est en train de s'accomplir. La quantité d'erreurs humaines, d'Églises chancelantes et de disciples mal renseignés prouve que cette croissance extraordinaire ne dépend pas des plans et des efforts des hommes. Dieu accomplit son plan éternel pour notre salut. L'Évangile est *toujours* « la puissance de Dieu pour le salut de quiconque croit » (Ro 1.16).

La plus grande démonstration de la progression de l'Évangile à l'ère moderne est probablement l'Église de la Chine. C'est *après* que les missionnaires ont été expulsés par les communistes en 1949, et *après* les efforts déployés pour supprimer tous les croyants lors de la « révolution culturelle » des années 60 que le nombre de croyants en Chine a pratiquement explosé. On estime aujourd'hui que le nombre de chrétiens en Chine est de *54 millions*. L'Église en Chine est encore victime de persécution, on y retrouve encore de nombreux problèmes et de nombreux besoins. Néanmoins, parmi les croyants chinois se trouve un mouvement missionnaire appelé « De retour à Jérusalem ». Cette phrase est tirée de l'observation que l'Évangile a semblé provenir de Jérusalem pour se rendre vers l'Ouest. Elle s'est ensuite dirigée vers le Moyen-Orient, l'Afrique et l'Europe. Puis elle s'est dirigée vers les Amériques, et de l'Amérique elle s'est dirigée vers l'Extrême-Orient, surtout vers la Corée et vers la Chine. Ainsi, les Chinois ont comme vision d'être utilisés par Dieu pour compléter le mouvement de l'Évangile autour du globe jusqu'à ce qu'elle retourne à Jérusalem. Tout comme mon illustration de la flaque de miel évangélique, « De retour à Jérusalem » ne raconte pas toute l'histoire, mais c'est un témoignage merveilleux de la vision des disciples de Jésus qui est d'obéir au Grand Mandat qui est de *faire de toutes les nations des disciples.*

Résumé du chapitre 12

Qu'est-il donc arrivé à Tite ? Il y a un homme appelé Tite dans le Nouveau Testament qui a mis sa confiance en Jésus et qui a grandi en tant que disciple jusqu'à devenir un des assistants en qui Paul avait confiance. C'est le genre de croissance que je demande à Dieu pour tous ceux qui font cette étude.

Le Grand Mandat donné par Jésus après sa résurrection est essentiellement de « faire de toutes les nations des disciples ». Les autres mots clés du grand mandat nous expliquent comment le faire :

- En allant (nous sommes volontaires pour faire des disciples).
- En baptisant les disciples (l'évangélisation est la première étape pour faire des disciples, les deux sont indissociables).
- En enseignant à obéir à tout ce que Jésus a prescrit (faire des disciples demande de témoigner publiquement de notre foi en Jésus et de mener une vie d'obéissance).

Le partenariat pour l'Évangile est illustré par le voyage de Paul à Rome puis en Espagne, qui nous donne un bon exemple des façons dont une Église peut participer à l'œuvre du missionnaire qui fait des disciples sur la ligne de front pour la progression de l'Évangile :

- En les accueillant et en leur faisant du bien.
- En les soutenant financièrement.
- En priant pour eux.

« De retour à Jérusalem », l'histoire de l'Évangile qui est sorti de Jérusalem pour aller dans le monde est remarquable, et elle se poursuit encore aujourd'hui. L'Évangile se répandra dans toutes les nations jusqu'à ce que toute la terre soit remplie de la connaissance du Seigneur. Les disciples de Jésus ne sont pas parfaits, mais le plan de Dieu s'accomplit malgré tout.

Le mot de la fin pour les nouveaux disciples et les disciples renouvelés de Jésus : Que faire maintenant ?

NOUS AVONS TERMINÉ notre étude de la marche chrétienne, tant pour les nouveaux disciples que pour les disciples renouvelés. Si vous vous êtes rendus jusqu'ici, j'imagine que vous n'êtes plus au même endroit dans votre cheminement spirituel qu'au moment où vous avez commencé cette étude. Je suis persuadé que vous appréciez le fait que l'appel à suivre Jésus est une chose qui dure toute la vie. Ce n'est pas quelque chose que l'on accomplit en lisant une étude comme celle-ci ou n'importe quel autre livre. Vous avez donc fait quelques pas de plus dans votre marche, mais vous êtes loin d'être arrivé au bout. Je prie pour que vous continuiez à grandir dans la connaissance et l'amour de Jésus, dans votre compréhension de la Bible, dans votre engagement au sein du corps de Christ ainsi que dans votre vocation de servir Christ là où Dieu vous a placé dans le monde.

Jetez un coup d'œil à l'Annexe 1 qui suit, « Lectures et ressources additionnelles », et continuez de faire des lectures qui vous permettront d'approfondir votre compréhension de ce que nous avons vu ensemble. Prenez le temps de tirer le maximum des textes sur la vie de Christ de l'Annexe 2. Je vous recommande également le livre de méditations que j'ai écrit, *Forty Days on the Mountain*[1] [Quarante jours sur la montagne]. Les méditations sont basées sur mon étude de la rencontre de Moïse avec Jésus sur le mont Sinaï. Je vous encourage à étudier ce livre, car il sert d'introduction à la lecture de l'Ancien Testament, et il vous aidera à approfondir votre relation avec Dieu.

Ce que je désire le plus pour terminer ce livre, c'est vous mettre au défi à considérer comment vous pouvez vous rendre utile en tant que disciple qui fait d'autres disciples. Je crois que si vous demandez à Dieu de vous utiliser dans la vie des autres, il le fera. Avant d'avoir de grandes visions pour des contrées lointaines, mettez en prière les occasions qui se présentent à vous là où vous êtes :

- La vie d'un disciple doit commencer dans sa maison. Si vous avez des enfants, votre première mission est de les conduire à Jésus. Priez-vous en famille ? Priez-vous avec votre époux ou votre épouse ? Puisque vous êtes toujours avec votre famille, la vie de disciple sera beaucoup plus « montrée » qu'« enseignée ». Vous devez également comprendre que la partie « aller » du grand mandat ne veut pas nécessairement dire de partir très loin.

- Comment démontrez-vous votre amour envers les autres disciples de votre Église ? Si vous demandez à Dieu de vous

---

1. Stephen Smallman, *Forty Days on the Mountain* [Quarante jours sur la montagne], Wheaton, IL, Crossway Books, 2007.

LE MOT DE LA FIN...

montrer qui a besoin d'être encouragé, vous apercevrez de nombreuses personnes qui en ont besoin, tous les dimanches. Faire des disciples se produit aussi au sein même de l'Église lorsque les gens s'intéressent aux autres avec un désir sincère de participer à leur croissance spirituelle.

- Trouvez un ministère dans votre Église ou votre communauté où vous pourrez apprendre à servir les autres. Quels sont vos dons, vos forces, vos faiblesses ? Priez pour trouver l'endroit qui vous convient, et suivez Jésus en aimant votre prochain.

- Ne dépensez pas toute votre énergie à l'église, mais saisissez aussi les occasions qui se présentent à vous à votre travail ou à l'école. Il y a bien des problèmes inquiétants dans le monde, mais qui sait comment ce serait sans les serviteurs de Christ qui servent et qui aiment discrètement les autres ? Les prières et les efforts des disciples de Christ ont un impact dans le monde. Priez pour que vous fassiez partie du changement.

- Finalement, pourquoi ne pas demander à Dieu de trouver une ou plusieurs personnes avec qui étudier ce livre ? Vous ne croyez peut-être pas être un « expert », mais si vous avez étudié ce livre avec l'aide d'une autre personne, pourquoi ne pas essayer de faire la même chose pour d'autres ? Même si vous avez lu le livre par vous-même, ces leçons prendront une tout autre dimension lorsque vous parlerez et prierez avec d'autres. Vous n'avez pas à vous désigner comme l'expert, soyez plutôt honnête et dites que vous avez vous-même besoin de revoir ces leçons essentielles. L'annexe 3 est une déclaration écrite pour ceux qui participent à faire des disciples. Elle vous aidera certainement.

ANNEXE 1

Lectures et ressources additionnelles

Le parcours du disciple : les étapes de la marche chrétienne se veut un guide pour vous aider dans vos débuts en tant que disciples de Jésus. Vous avez probablement beaucoup d'autres questions que celles auxquelles je réponds dans ce livre. Voici donc plusieurs suggestions de lectures qui pourront vous être utiles. Certaines ont déjà été mentionnées. Je les ai classées selon l'ordre des sujets qui ont été abordés dans ce livre. Pour le moment, la majorité de ces ouvrages ne sont offerts qu'en anglais.

Les questions que vous pourriez vous poser avant de prendre l'appel de Jésus au sérieux

Timothy Keller, *La raison est pour Dieu : la foi à l'ère du scepticisme*, Lyon, Éditions Clé, 2010.
    Un livre de questions et de réponses, notamment au sujet de la souffrance dans le monde, de la crédibilité de la Bible et de

LECTURES ET RESSOURCES ADDITIONNELLES

la compatibilité entre la Bible et la science. Il explique aussi les raisons pour la foi.

C. S. Lewis, *Les fondements du christianisme*, Ligue pour la lecture de la Bible, 2006.

Une explication classique des bases du christianisme. L'ouvrage est apparu en 1943, puis réapparu dans plusieurs éditions ultérieures. Dans sa vie, Lewis est passé de l'agnosticisme à la foi, ainsi, il se souvient des doutes qui l'empêchaient de croire.

Lee Strobel, *The Case for Christ* [La défense de Christ], Grand Rapids, Zondervan, 1998.

Un journaliste décrit sa quête de vérité au sujet de Jésus. Dans le cadre de ses recherches, il a interrogé de grands connaisseurs au sujet de la fiabilité des textes du Nouveau Testament et de la justesse des enseignements sur Jésus. Strobel a écrit plusieurs autres livres qui portent sur des questions fondamentales.

PREMIÈRE PARTIE : LES BASES

La personne de Jésus et l'Évangile

Christianity Explored [Exploration du christianisme] (www.christianityexplored.com).

Un ministère de Londres conçu pour guider les Églises dans leur utilisation de l'Évangile selon Marc pour présenter Jésus aux gens. Le site Web de ce ministère renferme plusieurs ressources, dont « Discipleship Explored » [Exploration de la vie de disciple].

Sinclair Ferguson, *Let's Study Mark* [Étudions Marc], Edinburgh, Banner of Truth Trust, 1999.
Un guide d'étude très utile sur l'Évangile selon Marc. Les compositions de Ferguson sont toujours bibliques et pratiques.

Timothy Keller, *Le Dieu prodigue*, La maison de la Bible, 2013.
Un livre qui débute avec la parabole du fils prodigue pour expliquer le caractère radical du message de l'Évangile.

Paul Miller, *Love Walked among Us* [L'amour a marché parmi nous], Colorado Springs, NavPress, 2001.
Des histoires sur Jésus tirées de l'Évangile servant à introduire les gens à sa vie et à son ministère. L'auteur, Paul Miller, est le fils de Jack et Rose Marie Miller. Approfondissez vos connaissances sur le ministère de Paul sur son site Web : www.seeJesus.net.

Le film *Jésus* (www.jesusfilm.org).
Un film distribué largement qui se sert de l'Évangile selon Luc pour dépeindre la vie et le ministère de Jésus. Vous pouvez en obtenir des copies gratuitement en allant sur le site Web.

L'Écriture

Bibles et traductions de la Bible (www. lexilogos.com).
Ce site Web permet de consulter différentes traductions de la Bible ainsi que différentes bibles d'étude.

Étude biblique utile (www.topchretien.com).
L'un des sites Web les plus populaires auprès de ceux qui aiment se servir du Web pour leurs cultes personnels.

LECTURES ET RESSOURCES ADDITIONNELLES

Tremper Longman III, *Reading the Bible with Heart and Mind* [Lire la Bible avec son cœur et son esprit], Colorado Springs, NavPress, 1997.
Un survol pratique de la Bible qui aide également à la lire et à la comprendre.

Vaughan Roberts, *Le Panorama de la Bible : Y voir clair de la Genèse à l'Apocalypse*, Farel, La Ligue, 2012.
Une introduction utile au thème du royaume trouvé dans l'Écriture par l'étude de passages clés.

La Sainte Bible (avec commentaires de John MacArthur), La Maison de la Bible, 2006.
Une bible d'étude très pratique pour ceux qui utilisent la « Nouvelle Édition de Genève 1979 ». C'est une bible d'étude et une traduction de la Bible très populaire aujourd'hui dans le milieu francophone.

L'Église

Mark Dever, *L'Église intentionnelle : une église bâtie de manière intentionnelle sur la Parole*, Lyon, Éditions Clé, 2008.
Une introduction pratique qui aide les Églises à rester concentrées sur les points essentiels de leur appel.

C. John Miller, *Outgrowing the Ingrown Church* [Faire croître l'Église stagnante], Grand Rapids, Zondervan, 1986.
L'histoire même de la transformation de Miller en tant que pasteur, la naissance des Églises New Life et la façon dont ce processus s'applique à la vie de toute Église.

ANNEXE 1

DEUXIÈME PARTIE : DEVENIR UN DISCIPLE GRÂCE À L'ÉVANGILE

L'appel et la conversion

C. John Miller, *A Faith Worth Sharing* [Une foi qui vaut la peine d'être partagée], Phillipsburg, NJ, P&R Publishing, 1999.
Le dernier livre de Miller, complété par sa femme, Rose Marie, dans lequel il raconte l'histoire de sa conversion et de ses efforts à partager sa foi avec les autres tout au long de sa vie.

C. John Miller, *Repentance : A Daring Call to Real Surrender* [La repentance : un appel audacieux à une véritable reddition], Fort Washington, PA, CLC Publications, 2009.
Le premier livre de Miller (publié pour la première fois sous le titre *Repentance and 20th Century Man* [La repentance et l'homme du 20e siècle]. C'est une discussion pénétrante et pratique au sujet de la repentance, tant avant qu'après la conversion.

John Piper, *Finally Alive* [Enfin vivant], Ross-shire, Scotland, Christian Focus, 2009.
Un enseignement très utile et pratique sur la signification de la nouvelle naissance. Ces leçons sont solidement appuyées sur l'étude de l'Écriture, comme toutes les compositions de John Piper. Si vous n'êtes pas familier avec le ministère de John Piper et les excellentes ressources qu'ils offrent, consultez son site Web : www.desiringgod.org.

L'Église presbytérienne Redeemer (www.redeemer.com/learn/resources).
Des ressources utiles sur la conversion et le cheminement spirituel.

LECTURES ET RESSOURCES ADDITIONNELLES

Stephen Smallman, *Spiritual Birthline : Understanding How We Experience the New Birth* [La ligne du temps spirituelle : comprendre notre expérience de la nouvelle naissance], Wheaton, Il, Crossway Books, 2006) ; *What is True Conversation ?* [Qu'est-ce que la véritable conversion ?], Phillipsburg, NJ, P&R Publishing, 2005).

Mes ouvrages sur la conversion, en mettant l'emphase sur le salut comme le processus déclenché par l'œuvre du Saint-Esprit.

Les doctrines de l'Évangile

Jerry Bridges, *The Discipline of Grace* [La discipline de la grâce], Colorado Springs, NavPress, 1994.

Un livre qui décrit le rôle de Dieu ainsi que le nôtre dans la poursuite de la sainteté. Bridges est un auteur pieux et réfléchi dont les livres sont toujours pratiques et profitables.

Sinclair Ferguson, *La dynamique de la foi*, Excelsis/Grâce et Vérité, 2002.

Un livre qui montre comment grandir dans la foi au moyen d'une discipline et d'une hygiène spirituelle qui résistent aux influences de ce monde.

C. J. Mahaney, *Vivre une vie centrée sur la croix : mettre l'Évangile avant tout*, Ministères multilingues, 2013.

Le leader des ministères de Sovereign Grace explique comment garder l'Évangile au centre de sa propre vie et de son ministère.

R. C. Sproul, *Truths We Confess* [Les vérités que nous confessons], 3 volumes, Phillipsburg, NJ, P&R Publishing, 2006-2007.

Le guide de Laymen de la Confession de foi du Westminster de Sproul. Sproul est un excellent enseignant de la Bible, et il est un auteur dont les écrits sont toujours fiables et remplis de matériel.

ANNEXE 1

Milton Vincent, *A Gospel Primer for Christians* [Un apprêt évangélique pour les chrétiens], Bemidji, MN, Focus Publishing, 2008.
L'histoire même d'un pasteur qui explique sa façon de s'évangéliser lui-même tous les jours.

World Harvest Mission [Mission de la moisson mondiale] (www.whm.org). Deux programmes pour un renouveau évangélique :
Gospel Transformation [Transformé par l'Évangile]
(36 semaines)
The Gospel-Centered Life [La vie centrée sur l'Évangile]
(9 semaines)
La mission produit du matériel utile et pratique qui met de l'avant une approche centrée sur la transformation du chrétien par la foi en la Bonne Nouvelle pour faire des disciples. Préparé pour les petits groupes et les classes d'école du dimanche. Contactez directement la Mission.

L'obéissance à l'Évangile/La vision du monde

Charles Colson, *The Faith : Given Once for All* [La foi : donnée une fois pour toute], Grand Rapids, Zondervan, 2008.
Une explication de « Ce que croient les chrétiens, pourquoi ils y croient, et pourquoi c'est important », qui partage l'idée du symbole de Nicée. C'est la dernière partie d'une série de livres que Colson a écrits pour aider les chrétiens à penser « chrétiennement ».

Charles H. Dunahoo, *Making Kingdom Disciples* [Faire des disciples du royaume], Phillipsburg, NJ, P&R Publishing, 2005.
Un défi pour les Églises et leurs dirigeants d'ajouter la perspective du royaume dans le discipolat et dans les ministères d'enseignement de l'Église.

Philip Graham Ryken, *What is the Christian Worldview ?* [Quelle est la vision chrétienne du monde ?], Phillipsburg, NJ, P&R Publishing, 2006.
Un livret très utile qui introduit les bases de la vision chrétienne du monde.

TROISIÈME PARTIE : SUIVRE JÉSUS DANS SA MISSION

Des disciples qui forment d'autres disciples

Patrick Johnstone, *Flash sur le monde francophone*, Éditions missionnaires francophones, 2006.
Un document inestimable qui raconte comment l'Évangile s'est répandu dans le monde. L'information est offerte pays par pays pour favoriser une prière systématique pour l'avancement du royaume de Jésus-Christ.

C. John Miller, *Powerful Evangelism for the Powerless* [Une évangélisation puissante pour les faibles], Phillipsburg, NJ, P&R Publishing, 1997.
La révision d'un livre publié originellement sous le nom de *Evangelism and Your Church* [L'évangélisation et votre Église] en 1980. Miller croyait que la véritable évangélisation ne pouvait avoir lieu que dans le contexte d'un rassemblement vital, et il mettait en pratique sa théorie.

Jim Petersen, *Lifestyle Discipleship* [Le mode de vie du discipolat], Colorado Springs, NavPress, 1993.
Un livre rédigé par un vice-président des Navigateurs, un ministère consacré au discipolat. Petersen jette un regard nouveau sur la vie de disciple et décrit ce à quoi elle devrait ressembler. Il insiste sur l'importance de la communauté, sans tout miser sur l'Église locale en tant que communauté.

ANNEXE 2

« Messieurs, nous verrions Jésus »

Un plan de lecture de 15 semaines comme introduction à la vie et aux enseignements de Jésus-Christ

LE CONCEPT

Croire en Jésus est la première étape dans la vie du disciple. Il est toutefois possible de croire en lui sans connaître grand-chose à son sujet. Ainsi, le Seigneur a choisi quatre auteurs qui allaient chacun écrire un *évangile* — un compte rendu de la vie et des enseignements de Jésus, afin d'expliquer qui il est et ce que cela signifie de le suivre. Les soixante-quinze lectures qui suivent sont tirées des quatre évangiles selon le plan le plus répandu qui divise la vie d'adulte de Jésus en trois années de ministère. Cette période débute par les événements dans la vie de Jean Baptiste (son enseignement, son emprisonnement et sa mort), mais les données sont disposées différemment selon l'auteur. Il est donc difficile de déterminer avec précision l'enchaînement des événements. Un passage plus long a été choisi pour une lecture personnelle, mais nous suggérons souvent un passage plus court (entre parenthèses) pour ceux qui désirent utiliser ce matériel pour adorer Dieu lors des cultes et des enseignements en famille avec de jeunes enfants. Pour rendre vos lectures encore plus enrichissantes, consultez régulièrement une carte de la Palestine au temps de Jésus.

PLAN DE LECTURE

I. L'année d'inauguration

SEMAINE 1
- ☐ Le ministère de Jean Baptiste — Luc 3.1-18 (Mc 1.1-8)
- ☐ Le baptême de Jésus — Matthieu 3.13-17
- ☐ La tentation de Jésus — Matthieu 4.1-11
- ☐ Les disciples de Jean décident de suivre Jésus — Jean 1.29-51 (1.35-42)
- ☐ Le premier miracle — Jean 2.1-11

SEMAINE 2
- ☐ Le premier ministère de Jésus à Jérusalem — Jean 2.12-25
- ☐ L'enseignement sur la nouvelle naissance — Jean 3.1-21 (3.1-8)
- ☐ Le témoignage envers la femme samaritaine — Jean 4.1-42 (4.1-14)
- ☐ Rejeté dans sa ville natale — Luc 4.14-30
- ☐ Jésus se rend à Capernaüm — Luc 4.31-44

ANNEXE 2

II. L'année de popularité

SEMAINE 3
- ☐ Le sermon sur la montagne : l'appel des premiers disciples — Matthieu 4.12-25
- ☐ Le sermon sur la montagne : la puissance de guérir et de pardonner — Luc 5.12-26
- ☐ Le sermon sur la montagne : l'appel de Lévi (Matthieu) — Luc 5.27-39 (5.27-32)
- ☐ Le sermon sur la montagne : première dispute au sujet du sabbat — Luc 6.1-11
- ☐ Le sermon sur la montagne : le nom des douze apôtres — Luc 6.12-16

SEMAINE 4
- ☐ Le sermon sur la montagne : les béatitudes — Matthieu 5.1-16
- ☐ Le sermon sur la montagne : Jésus et la loi — Matthieu 5.17-30 (5.17-20)
- ☐ Le sermon sur la montagne : Jésus et la loi (suite) — Matthieu 5.31-48 (5.43-48)
- ☐ L'offrande et la prière — Matthieu 6.1-15
- ☐ Le jeûne ; un trésor au ciel — Matthieu 6.16-24

SEMAINE 5
- ☐ Une exhortation à ne pas s'inquiéter — Matthieu 6.25-34
- ☐ Le vrai jugement — Matthieu 7.1-12
- ☐ Entrer par la porte étroite — Matthieu 7.13-29
- ☐ Le deuxième ministère à Jérusalem — Jean 5.1-15
- ☐ Le discours de Jésus au sujet de sa divinité — Jean 5.16-47 (5.19-27)

SEMAINE 6
- [ ] La foi du centurion et de la veuve — Luc 7.1-17
- [ ] Les questions de Jean Baptiste — Luc 7.18-35 (7.18-23)
- [ ] Jésus et la femme pécheresse — Luc 7.36-50 (7.36-43)
- [ ] La parabole du semeur — Luc 8.1-15
- [ ] Les autres paraboles du royaume — Matthieu 13.24-43 (13.31-35)

SEMAINE 7
- [ ] Jésus calme la tempête — Marc 4.35-41
- [ ] La guérison du démoniaque gadarénien — Marc 5.1-20
- [ ] La fille morte et la femme malade — Marc 5.21-43 (5.24-34)
- [ ] Jésus est rejeté à nouveau — Matthieu 13.47-58 (13.53-58)
- [ ] L'envoi des disciples ; la mort de Jean — Luc 9.1-9

III. L'année d'opposition
SEMAINE 8
- [ ] Jésus nourrit 5 000 hommes — Luc 9.10-17
- [ ] Jésus marche sur l'eau — Matthieu 14.22-36
- [ ] Jésus, le pain de vie — Jean 6.25-71 (6.35-40)
- [ ] Pur et impur — Matthieu 15.1-28 (15.21-28)
- [ ] La confession de Pierre — Matthieu 16.13-28 (16.13-20)

SEMAINE 9
- [ ] La transfiguration — Matthieu 17.1-23 (17.1-9)
- [ ] Le royaume de Dieu — Matthieu 18.1-20 (18.15-20)
- [ ] La parabole du bon Samaritain — Luc 10.25-37
- [ ] L'enseignement sur la prière — Luc 10.38 – 11.13 (11.9-13)
- [ ] Jésus et Béelzébul — Luc 11.14-28 (11.14-20)

SEMAINE 10
- ☐ Jésus, le bon berger — Jean 10.1-42 (10.7-16)
- ☐ Le prix à payer — Luc 14.25-35
- ☐ Paraboles de ce qui est perdu et retrouvé — Luc 15.1-32 (15.3-10)
- ☐ Entrer dans le royaume — Luc 18.9-30 (18.9-17)
- ☐ La résurrection de Lazare — Jean 11.1-44 (11.32-44)

IV. La dernière semaine et la vie de résurrection.

SEMAINE 11
- ☐ Le complot contre Jésus — Jean 11.45 – 12.10 (12.1-10)
- ☐ L'entrée triomphale — Matthieu 21.1-17
- ☐ Les débats sur l'autorité — Matthieu 21.23-46 (21.28-32)
- ☐ Les débats sur les priorités — Matthieu 22.1-46 (22.34-40)
- ☐ Le discours sur le mont des Oliviers — Luc 21.1-38 (21.1-4)

SEMAINE 12
- ☐ La dernière Pâque — Matthieu 26.14-35
- ☐ Jésus lave les pieds de ses disciples — Jean 13.1-30 (13.2-11)
- ☐ Jésus rassure ses disciples — Jean 13.31 – 14.14 (14.1-7)
- ☐ Jésus promet d'envoyer le Saint-Esprit — Jean 14.15-31 (14.15-21)
- ☐ Le cep et les sarments — Jean 15.1-27 (15.1-8)

SEMAINE 13
- ☐ La prière sacerdotale de Jésus — Jean 17.1-26 (17.20-26)
- ☐ Jésus à Gethsémané — Matthieu 26.36-56 (26.36-46)
- ☐ Jésus comparaît devant Caïphe — Matthieu 26.57-75 (26.69-75)
- ☐ Jésus livré à Pilate — Matthieu 27.1-26 (27.1,2, 19-26)
- ☐ Jésus est battu et crucifié — Matthieu 27.27-53 (27.32-44)

SEMAINE 14
- ☐ Jésus sur la croix — Luc 23.26-43
- ☐ La mort et l'ensevelissement de Jésus — Jean 19.28-42
- ☐ Le matin de la résurrection — Matthieu 28.1-20 (28.1-10)
- ☐ Marie rencontre Jésus — Jean 20.1-18
- ☐ Les deux disciples sur le chemin d'Emmaüs — Luc 24.13-35

SEMAINE 15
- ☐ La première rencontre de Jésus avec ses disciples — Jean 20.19-31
- ☐ Jésus au bord de la mer de Galilée — Jean 21.1-25 (21.15-19)
- ☐ Les derniers jours avec Jésus — Actes 1.1-11
- ☐ Jésus tient sa promesse — Actes 2.1-21 (2.1-13)
- ☐ Jésus vit dans son Église — Actes 2.22-47 (2.42-47)

ANNEXE 3

Un message pour tous les disciples qui se sont engagés à faire d'autres disciples

Comme je l'ai écrit dans la préface, *Le parcours du disciple : les étapes de la marche chrétienne* a commencé avec l'intention d'écrire un livre pour ceux qui auraient besoin d'information pour commencer leur marche chrétienne du bon pied. Plus le travail avançait, plus j'étais convaincu que la plus grande utilité de ce livre est celle d'aider les disciples à former d'autres disciples. J'ai essayé de l'écrire sous la forme d'un guide, et non d'un manuel « factuel ». La vie de disciple doit être *vécue*, pas seulement étudiée. Comme Ron (qui m'a aidé à tester ce livre « sur le terrain ») l'a partagé dans notre petit groupe, « la vie de disciple est principalement une course expérimentale entrecoupée de lectures sporadiques ». C'est bien dit ! Lire et écouter des enseignements est devenue la priorité d'un grand nombre d'entre nous, négligeant ainsi l'aide pratique qui est à notre disposition. De plus, nous devons fuir la tentation de définir la vie de disciple comme une vie de lecture et d'études.

J'espère et je prie que *Le parcours du disciple* soit un outil efficace pour aider les disciples à guider et à encourager ceux qui entendent l'appel de Jésus à le suivre. Je pense en particulier à vous qui n'oseriez jamais vous considérer comme des « faiseurs de disciples ». Peut-être que la formule point par point de ce livre vous encouragera à faire cette étude avec une autre personne. N'oublions pas que notre participation dans la formation de disciples est la chose la plus importante que nous pouvons faire pour notre propre croissance en tant que disciples. C'est une initiative excitante qui représente tout un défi. Pour vous aider dans ce grand mandat, j'ajoute cette annexe avec quelques réflexions sur deux points :

- Un retour sur certains points de ce livre. Afin d'utiliser ce livre dans votre propre ministère de discipolat, vous devez comprendre quelques points fondamentaux sur lesquels s'appuie mon approche de la vie de disciple. Je vais aussi vous suggérer quelques ressources additionnelles qui pourraient vous aider à comprendre encore mieux.

- Des suggestions pratiques concernant l'utilisation de ce livre.

DES PRINCIPES SOUS-JACENTS

Le Grand Mandat ne fait pas de distinction entre l'évangélisation et la vie de disciple.

Le parcours du disciple s'appuie fondamentalement sur une compréhension juste du Grand Mandat (Mt 28.18-20). Une foison d'auteurs et d'enseignants a démontré que le commandement principal du Grand Mandat est de *faire des disciples* (du verbe grec *mathateuo*, qui a la même racine que *mathatas*, le mot pour *disciple*). Comme je l'explique dans le chapitre 12, les autres mots-clés du Grand Mandat (*aller*, *baptiser*, et *enseigner*) précisent en quoi *faire des disciples* consiste exactement. Ainsi, votre mandat ne fait que commencer au moment où vous voyez une personne faire profession de foi. De plus, nous devons garder ce mandat en tête lorsque nous commençons à travailler avec les autres. Prenez le temps de passer votre méthode d'évangélisation ou celle de votre Église en revue en vous demandant si elle présente ou non l'Évangile en s'attendant à ce que les gens suivent Jésus. Si l'objectif principal de l'évangélisation est « d'aller au ciel », c'est peut-être parce que la vie de disciple est considérée comme une option par un grand nombre de « convertis ».

J'ai bien aimé la série de livres *Ancient-Future* [Ancien-Futur] de Dr Robert Webber. Le livre *Ancient-Future Evangelism : Making Your Church a Faith-Forming Community*[1] [L'évangélisation Ancien-Futur : faire de votre Église une communauté qui forme la foi] est particulièrement utile. L'auteur se sert de l'expérience de l'Église primitive et de son approche de l'évangélisation pour nous partager une compréhension plus biblique de l'évangélisation et de la vie de disciple au sein de l'Église locale.

La vie de disciple ne fait pas classe à part dans la vie chrétienne, et n'est pas un ajout à la foi.

Ce point découle naturellement d'une compréhension biblique du Grand Mandat, mais il doit être souligné. J'ai essayé d'écrire en tenant pour acquis que les croyants sont des disciples. D'après mon expérience, ceux que je considère comme de *nouveaux disciples* accepteront volontiers cette idée. C'est plutôt pour les chrétiens de longue date, y compris les pasteurs et les autres dirigeants dans l'Église, que cette idée semblera nouvelle. Il est important d'y

---

1. Grand Rapids, Baker Books, 2003.

réfléchir et de vous demander si la vie de disciple fait partie de votre compréhension de l'Évangile ou si elle fait partie d'un stade ultérieur de la vie chrétienne.

Vous avez peut-être remarqué que mon étude ne commence pas par une discussion sur le salut, mais sur la vie de disciple. J'ai décidé de faire ainsi, car c'est ainsi que Marc a présenté l'Évangile. Apparemment, les premiers disciples ont commencé leur vie avec Jésus en apprenant qui il est et pourquoi il est venu. Étaient-ils « sauvés » dès leur début en tant que disciples ? Comment le savoir ? Toutefois, il est clair que, comme pour ceux qui s'identifiaient comme disciples de Jésus, le processus qui allait les mener à la découverte de ce que cela signifie d'être sauvé par Jésus était enclenché. J'ai tenu pour acquis que les disciples de l'Église de Rome ont expérimenté ce même cheminement. L'analyse que fait Paul de l'Évangile dans l'épître aux Romains a peut-être consolidé la foi des croyants, ou aidé ceux qui cherchaient à comprendre ce que cela signifie de placer sa foi en Christ pour le salut. Dans un cas comme dans l'autre, devenir un disciple semble la réponse normale à la foi.

En commençant l'étude de *Le parcours du disciple : les étapes de la marche chrétienne*, ne cherchez pas à savoir à tout prix si les personnes avec qui vous la faites ont placé leur foi en Jésus. Vous le découvrirez naturellement lors des discussions, et vous aurez amplement l'occasion d'investiguer à ce sujet lors des chapitres 5 et 6[2].

La vie de disciple débute avec l'appel de Jésus et non avec la décision d'une personne.

Je suis persuadé que l'une des raisons majeures pour lesquelles certains enseignants et certains dirigeants dans l'Église ont du mal à mettre l'accent sur la vie de disciple, même en présentant

---

2. Comment travailler avec les autres est la deuxième partie de mon livre *Spiritual Birthline* [La ligne du temps spirituelle, Wheaton, IL, Crossway Books, 2006, intitulée « The Work of a Spiritual Midwife » [Le travail d'une sage-femme spirituelle].

l'Évangile, est qu'ils supposent que la vie de disciple commence par une décision personnelle de suivre Jésus. Nous sommes tellement passionnés pour rejeter l'idée que nous pouvons obtenir le salut par nos œuvres ou que nous pouvons, par nos efforts, nous attirer la faveur de Dieu, que l'évangéliste accorde une importance lourde et continuelle toute particulière sur le fait que nous ne pouvons pas obtenir le salut et que nous ne le méritons pas. J'ai même déjà entendu plusieurs évangélistes bien intentionnés dire à quel point il est *facile* de devenir chrétien. Hormis un engagement qui découle de la foi ou une « décision pour Jésus », ils évitent avec brio tout ce qui est lié à l'effort, et insinuent que tout ce qui concerne le fait de « se charger de sa croix » et « suivre Jésus » (Mc 8.34) est à considérer seulement *après* avoir répondu à l'Évangile.

C'est en ayant un point de départ différent que nous pouvons nous attendre à un autre genre de réponses et de résultats. L'appel à devenir un disciple commence tout simplement par l'appel. Lorsque Jésus a appelé les premiers disciples, ils ont suivi, car ils l'avaient rencontré, le Fils de Dieu, dont l'appel renferme aussi le pouvoir de répondre. J'ai mieux compris ce fait en relisant les premiers chapitres de l'œuvre classique de Dietrich Bonhoeffer, *Vivre en disciple : Le prix de la grâce*[3]. Il coïncidait avec mes propres études et compositions sur l'appel efficace du Saint-Esprit. J'ai réalisé que l'appel de Jésus à devenir un disciple est essentiellement le même appel au salut que Paul et Pierre mentionnent à maintes reprises. Cette idée a servi de titre pour le cinquième chapitre de ce livre. En d'autres mots, lorsque nous comprenons que les gens viennent à Christ à cause de l'appel (1 Co 1.18-31), nous comprenons que c'est Jésus lui-même qui les attire. Et ils le suivront, peu importe le prix à payer. Ce ne sont pas les attentes qu'ils pourraient avoir pour une meilleure vie ou pour un don « gratuit » qui les motive.

---

3. Dietrich Bonhoeffer, *Vivre en disciple : le prix de la grâce*, Genève, Labor et Fides, 2009, chap. 1, 2.

UN MESSAGE POUR TOUS LES DISCIPLES...

Dans ma lecture de livres et d'études sur le discipolat, j'ai trouvé que cet accent sur l'appel surnaturel de Dieu n'est que très peu présent, si seulement il l'est. Ainsi, faire des disciples (tout comme l'évangélisation) dépend principalement d'efforts humains. Je crois qu'il était nécessaire d'expliquer le caractère fondamental de l'appel de Dieu en ce qui concerne toute la vie de disciple, et j'espère que cette explication a été utile et encourageant — c'est à l'œuvre de Dieu que nous participons. Vous voudrez peut-être accorder une attention particulière au contenu des chapitres 5 et 6. Si vous connaissez la théologie de ma tradition (réformée et presbytérienne), vous avez probablement déjà entendu cette phrase toute simple : « la régénération précède la foi » (ainsi, le travail de Dieu permet que nous répondions à son appel). Dans *Le parcours du disciple*, j'ai essayé de faire une application pratique de cette vérité, comme une personne qui s'occupe d'un ministère.

Ne tenez pas pour acquis que les gens comprennent l'Évangile, tant sous l'angle de l'expérience que de la théologie.

Lorsque je dis aux autres que j'essaie d'écrire sur « la vie de disciple pour les nuls », on me répond souvent par un sourire et par un mot d'encouragement pour mes efforts. Presque tout le monde semble reconnaître que la plupart des croyants, même au sein de l'Église, ne connaissent pas bien les bases. Ainsi, peu importe dans quel contexte vous utilisez ce livre, ne vous imaginez pas que les membres de votre groupe comprennent même l'Évangile, bien qu'il soit prétendument bien compris par « tout le monde ». Il ne l'est pas ! C'est particulièrement vrai lorsque la vie de disciple est considérée comme faisant partie de l'Évangile, et non comme un aspect que l'on garde pour plus tard. Demandez à Dieu de vous donner de la sensibilité tant envers ceux qui viennent d'arriver qu'envers ceux qui sont là depuis un moment.

ANNEXE 3

Rappelez-vous que les gens peuvent croire sincèrement en l'Évangile, tel qu'il le comprenne (ce qui est souvent étiqueté comme « la foi qui sauve »), mais une telle compréhension peut être très superficielle. Dieu seul sait si ces personnes sont « sauvées », mais ce n'est que le début de la tâche du disciple. Prenez le temps qu'il faut pour que l'Évangile fasse son effet. Un ami a décrit le lent processus par lequel l'Évangile pénètre dans notre âme comme étant la « macération dans l'Évangile ».

L'Évangile est bien plus qu'un message pour les non-convertis.

Ceux qui ont lu ce livre savent que je répète sans cesse ce message. Ma prière est que cette idée devienne évidente pour ceux qui sont exposés à l'Évangile pour la première fois. Pour les autres, les chrétiens « matures » et les chevronnés, ce ne sera pas aussi simple. Les personnes dans les Églises font signe que oui quand on leur demande s'ils ont besoin de l'Évangile, mais en pratique et en parole, il est évident qu'ils ont adopté l'approche « sauvé par grâce, formés par les œuvres ». L'ironie de la chose, c'est qu'une raison possible pour laquelle ils font partie de votre groupe d'étude est que leur approche de la vie chrétienne n'a tout simplement pas « fonctionné ». C'est ce qui arrive quand une personne essaie de suivre Jésus sans qu'il soit au centre de sa vie.

Que ceux d'entre vous qui désirent former d'autres disciples se demandent si c'est vrai pour eux. C'est sur des pasteurs et des missionnaires (et leur épouse) que le ministère de renouvellement, qui a vu le jour sous la direction de Jack Miller, a eu le plus grand impact. Ceux-ci étaient des responsables de « ministères de l'Évangile » sans eux-mêmes savoir ce qu'était la vie de disciple. Dernièrement, Milton Vincent, un pasteur de la Californie, a écrit un petit livre intitulé *A Gospel Primer for Christians* [Un apprêt évangélique pour les chrétiens]. Il y raconte l'histoire d'un épisode personnel de frustration et de désespoir qu'il a vécu, même après des années de ministère « réussies », jusqu'à ce qu'il découvre l'impact de l'Évangile sur sa vie de tous les jours[4]. Pasteur Vincent a mentionné en particulier les répercussions de sa lecture du livre de Jerry Bridges *The Discipline of Grace*[5] [La discipline de la grâce], dans lequel il a été familiarisé avec cette déclaration : « Prêchez-vous l'Évangile tous les jours[6]. » Le « manuel » classique pour cette orientation évangélique est *Dynamics of Spiritual Life*[7] [Les dynamiques de la vie spirituelle].

L'enseignement de la doctrine évangélique était à la base de la formation de nouveaux disciples de Paul.

Probablement comme vous, je me suis demandé si s'aventurer dans la théologie « lourde » de l'épître aux Romains était la meilleure chose à faire pour les nouveaux disciples à qui je m'adresse dans ce livre. Cependant, Paul n'a pas hésité à le faire, donc pourquoi le devrais-je ? La réponse que m'ont offerte ceux qui ont « testé » le livre m'a profondément encouragé. J'ai senti qu'ils reconnaissaient qu'ils commençaient tout juste à comprendre les concepts comme celui de la justification, en étant tout de même capables de suivre le raisonnement de Paul dans ses grandes lignes pour tous ces concepts importants. Je crois que vous découvrirez que d'ici le temps où

---

4. Milton Vincent, *A Gospel Primer for Christians* [Un apprêt évangélique pour les chrétiens], Bemidji, MN, Focus Publishing, 2008.

5. Jerry Bridges, *The Discipline of Grace* [La discipline de la grâce], Colorado Springs, NavPress, 1994. Jerry offre une explication particulièrement utile de ce problème dans les pages 19 à 27.

6. Cette phrase vient probablement de Martin Luther, mais Jack Miller l'utilisait constamment, et Jerry Bridges atteste qu'il a entendu cette citation pour la première fois de la bouche de Jack et l'a adoptée pour bien cerner une pratique dont il a été témoin pendant un certain temps (Ibid., p. 8,25).

7. Richard F. Lovelace, *Dynamics of Spiritual Life : An Evangelical Theology of Renewal* [Les dynamiques de la vie spirituelle : une théologie évangélique du renouvellement], Downers Grove, IL, InterVarsity Press, 1979.

ANNEXE 3

vous arriverez à ces chapitres dans le livre (les chapitres 7 à 9 en particulier), les membres de votre groupe auront significativement développé leur aptitude à travailler avec des textes de l'Écriture. J'ai volontairement porté les leçons sur quelques passages bien précis plutôt qu'un grand nombre de longs textes. Prenez le temps d'étudier chaque passage, et laissez la Bible parler d'elle-même, sans vous attendre à tout comprendre. Ces mêmes leçons seront encore plus riches de sens lorsque vous les étudierez de nouveau plus tard, après avoir pris plus d'expérience en tant que disciple de Jésus. C'est pourquoi nous devons constamment retourner à l'Évangile — il y a toujours d'autres profondeurs à découvrir.

J'enseigne la justification et la sanctification comme étant liées à la croix et à la résurrection de Jésus. Selon moi, c'est une façon de prendre l'histoire de l'Évangile — la mort et la résurrection de Christ — et de l'intérioriser par la foi. C'est l'Évangile manifesté *en nous* : nous sommes unis à Christ dans sa mort et sa résurrection. Ainsi, le sens de l'Évangile ne s'arrête pas à la justification, ce qui semble pourtant être le cas dans plusieurs définitions de l'Évangile. Bien entendu, l'histoire de l'Évangile comprend la résurrection de Jésus, et notre appréciation de ce que l'Évangile représente dans notre vie doit s'étendre de la sanctification à l'adoption et à la glorification.

Un exercice bénéfique pour vous serait de noter toutes les fois où Paul prie pour que le nouveau croyant *sache*. En d'autres mots, non seulement pour qu'il connaisse le Christ de façon personnelle, mais aussi pour qu'il comprenne qui il est en Christ ainsi que toutes les bénédictions qu'il reçoit à cause de l'amour et de la grâce de Dieu. Vous le remarquerez en particulier dans Éphésiens (1.15-19 ; 3.14-19) et dans Colossiens (1.9-13 ; 2.1-5). En réalité, l'ordre des chapitres de ces livres démontre clairement que l'aperçu de la personne de Jésus et de l'abondance que les croyants ont en lui, comme il est expliqué dans les premiers chapitres, est la base de la vie quotidienne de la nouvelle vie en Christ, qui est exposée brièvement dans les chapitres qui suivent. Paul prie pour la *connaissance* qui conduit à l'*obéissance* (Colossiens 1.9,10 est particulièrement clair à ce propos). Nous devons suivre ce modèle lorsque nous formons d'autres disciples.

Utiliser les outils historiques du discipolat.

J'ai volontairement intégré dans ce livre les trois enseignements centraux qui ont été utilisés pendant presque toute l'histoire de l'Église : le credo des apôtres (chap. 2), la prière du Seigneur (chap. 3) et les dix commandements (chap. 10). Un exemple merveilleux de la combinaison de ces trois enseignements est l'enseignement systématique de la foi de l'ancien catéchisme de la Réforme, le catéchisme de Heidelberg (1563). Il est vraiment malheureux que cet enseignement ait été ignoré dans la formation de disciples contemporaine. Je vous encourage à mémoriser ces trois enseignements fondamentaux. Non seulement ils vous seront profitables en eux-mêmes, mais ils connecteront également ceux que vous formez à la grande communauté de chrétiens.

Il n'y a pas de formation de disciples sans communauté.

N'oubliez pas que ce principe appartient tant à la première phase de la formation de disciples (l'évangélisation) qu'à l'éducation du croyant. Lors de séminaires ou de cours, je demande souvent aux autres de raconter leurs propres expériences. Je demande qui est venu à la foi par lui-même et qui est venu à la foi en étant premièrement en contact à un certain degré avec une communauté de chrétiens (une famille, une Église ou un petit groupe). La plupart s'identifient au deuxième groupe. En général, les gens ont besoin de voir l'Évangile en action pendant qu'ils en entendent parler (ou *afin* d'en entendre parler).

ANNEXE 3

Suivre Jésus c'est aussi de suivre Jésus dans sa mission.

Cette vérité importante m'a frappé de plein fouet alors que je méditais sur l'Évangile selon Marc. Dès le tout premier mot de son appel à le suivre, il est évident que Jésus donnait un but à ses disciples — une mission. Certes, Jésus proclamait et démontrait l'existence du royaume, mais en plus, il disait spécifiquement à ceux qu'il appelait qu'il allait faire d'eux des « pêcheurs d'hommes » (Mc 1.17). J'ai introduit ce thème dans le premier chapitre, et j'en ai reparlé dans les deux derniers chapitres. Puisque l'appel à suivre Jésus dans sa mission est divisé en plusieurs parties dans ce livre, j'espère que vous trouverez le moyen de rassembler tous les éléments lors de vos enseignements sur *Le parcours du disciple*. Ce thème ressurgira probablement lors des discussions et des activités auxquelles les membres d'un groupe participent. Profitez de ces moments pour mettre l'accent sur le ministère et l'évangélisation. Ça ne devrait pas arriver une fois l'étude complétée, mais comme une partie des bases de la vie de disciple.

Un travail prodigieux est fait pour unir l'Église ; et on redécouvre la centralité du royaume comme étant l'œuvre à laquelle toute la communauté doit participer. Le livre de Jack Miller, *Outgrowing the Ingrown Church*[8] [Faire croître l'Église stagnante] est un point de départ pratique. Je recommande de nouveau la série *Ancient-Future* [Ancien-Futur] de Robert Webber. Le sous-titre de son livre sur l'évangélisation est *Making Your Church a Faith-Forming Community* [Faire de votre Église une communauté qui forme la foi], ce qui est exactement ce que nous voulons faire. Webber propose avec brio trois aspects principaux de la vie de disciples qui ressortent du Nouveau Testament : *croire*, lui *appartenir* et *agir*[9].

---

8. C. John Miller, *Outgrowing the Ingrown Church* [Faire croître l'Église stagnante], Grand Rapids, Zondervan, 1986.

9. Robert E. Webber, *Ancient-Future Evangelism* [L'évangélisation Ancien-Futur], Grand Rapids, Baker Books, 2003, p. 72.

Le terme qui tisse les liens de la communauté, de la vie de disciple et du royaume est le verbe *missionner*[10]. Nous sommes appelés tous ensemble à être le peuple de Dieu qui suit Jésus. Ce sens de notre mission est de répandre tout ce qu'on fait en tant qu'Église.

COMMENT UTILISER CE LIVRE POUR FAIRE DES DISCIPLES

Être flexible et créatif.

C'est la « règle » la plus importante. Je suis bien conscient que la plupart sont plus à l'aise avec un programme de formation de disciples « clé en main ». Ce genre de programme peut être utile, mais cette approche n'est pas représentative de la vraie vie, et ne forme pas des disciples. La façon dont vous utiliserez ce livre dépend du genre de leader que vous êtes et de ceux que vous désirez guider dans leur vie de disciple. Par exemple, j'ai su que des amis ont invité de jeunes adultes à lire ce livre avec eux. Considérer sérieusement la personne de Jésus était tellement nouveau pour eux qu'ils étaient tous d'accord pour prendre plus de temps afin d'étudier ensemble l'Évangile selon Marc. J'espère qu'ils ont été capables d'avancer à leur rythme. J'offre un chemin à suivre, mais il est bien plus important que ces jeunes adultes rencontrent Jésus, peu importe le temps que cela demande.

L'aspect relationnel sera tout aussi important, même plus important, que le contenu de ce livre.

Lorsque j'ai interrogé des responsables chrétiens au sujet de leur propre expérience du « discipolat », la plupart m'ont partagé, non pas

---

10. Trois autres travaux académiques que j'ai beaucoup aimés sur la nature de l'Église et sa mission sont : Tod E. Bolsinger, *It Takes a Church to Raise a Christian* [Ça prend toute une Église pour élever un chrétien], Grand Rapids, Brazos Press, 2004 ; Darrell L. Guder, *The Continuing Conversion of the Church* [La conversion incessante de l'Église], Grand Rapids, Eerdmans, 2000 ; Craig Van Gelder, *The Essence of the Church* [L'essence de l'Église], Grand Rapids, Baker Books, 2000.

le contenu de ce qu'ils avaient étudié, mais le fait que des personnes avaient pris le temps de les aimer et de les conduire à Jésus. Je ne dis pas cela pour rabaisser le contenu de ce livre, mais si vous êtes prêt à vous engager et à donner de votre temps et de votre énergie pour former des disciples, ceux que vous aiderez ne l'oublieront jamais. Le temps que vous investissez lors des rencontres de groupe pour apprendre à connaître les membres et pour développer une relation avec eux doit être considéré comme étant fondamental à vos réunions, et non comme de simples préliminaires.

Le livre Le parcours du disciple *pourrait être utilisé comme leçon d'école du dimanche, mais…*

L'une des raisons pour lesquelles ce livre est divisé en douze chapitres est pour être utilisé comme unité d'étude à l'école du dimanche pour les adultes. C'était mon intention lorsque j'ai rédigé ce livre, mais après l'avoir achevé et après l'avoir testé avec un groupe d'école du dimanche, je ne suis plus convaincu que c'est la meilleure méthode. Les membres du groupe avec lequel j'ai travaillé ont été très appliqués dans leurs devoirs, mais ce zèle n'est pas représentatif des classes du dimanche matin. Nous n'avions nettement pas assez de temps, et il a été difficile de maintenir une certaine continuité à cause des vacances des uns et des empêchements des autres. Néanmoins, notre groupe était enthousiaste, et je crois qu'il a connu une véritable croissance spirituelle. Toutefois, le potentiel de ce livre en tant que ressource pour la vie de disciples n'a été, selon moi, que partiellement exploité.

Idéalement, *Le parcours du disciple* devrait être utilisé dans un groupe de 2 à 4 personnes qui sont prêtes à s'engager à se rencontrer régulièrement pendant environ un an. Les rencontres devraient être fixées toutes les 3 ou 4 semaines afin que chacun ait amplement le temps de compléter leurs devoirs. Une soirée (ou un autre moment approuvé par tous) serait consacrée premièrement à

UN MESSAGE POUR TOUS LES DISCIPLES...

réviser les devoirs, y compris les notes qui ont été prises par chacun des membres du groupe dans leur journal au sujet des lectures bibliques, des réflexions personnelles et des devoirs. Ensuite, il y aurait un temps pour une étude et une discussion au sujet du dernier chapitre qu'ils ont lu. J'ai essayé de toujours suivre le même modèle pour les résumés à la fin des chapitres, mais vous pouvez y passer le temps que vous voulez. Lorsque les membres deviennent à l'aise avec la prière, les rencontres peuvent se terminer par un temps d'intercession les uns pour les autres.

Lorsque j'étais pasteur à l'Église presbytérienne McLean (à Washington D.C.), nous avons mis un ministère sur pied qui suscitait le genre de soirée que je viens de décrire. Ce ministère s'appelait *Vivre pour le Roi*. On se réservait une soirée par semaine, de septembre à mai. Cet engagement demandait d'être prêt à lire des livres et d'autres matériels et à compléter le tout par une tâche spécifique. Une grande partie du matériel de ce livre a été développé pendant que je dirigeais ce ministère. Pendant les années de *Vivre pour le Roi*, le nombre de participants grandissait toujours, et nous nous sommes divisés en plus petits groupes pour faciliter les échanges pendant la soirée. Je ne suis plus à McLean depuis plusieurs années, et je rencontre encore des personnes qui me racontent que ce ministère a été un tournant dans leur marche chrétienne. Ed Satterfield, qui servait à l'époque en tant que pasteur associé, est d'accord avec moi pour dire que de toutes nos responsabilités pastorales, *Vivre pour le Roi* a été la plus enrichissante.

Je vous fais part de cette expérience, car malgré le monde occupé dans lequel nous vivons, il est encore possible de trouver des personnes prêtes à consacrer du temps pour apprendre à suivre Jésus. Peu importe l'endroit où vous vous trouvez, demandez à Dieu de mettre ceux qu'il appelle sur votre chemin.

ANNEXE 3

N'oubliez jamais que vous faites partie du plan de Dieu.

Nous faisons partie de quelque chose de bien plus grand que nous-mêmes et de bien plus grandiose que tout ce que nous pourrions personnellement accomplir. Le royaume de Dieu est venu par la personne de Jésus, le Roi. Le royaume de Dieu approche alors que le Saint-Esprit amène des personnes à y entrer par sa puissance régénératrice. Ce phénomène se produit partout dans le monde, car Jésus est en train d'accomplir exactement ce qu'il a dit qu'il ferait : « Je bâtirai mon Église » (Mt 16.18). C'est Dieu lui-même qui est à l'œuvre, mais encore, nous avons l'immense privilège de faire partie de son plan.

Car Dieu est celui qui effectue les vrais changements, nous devons être réalistes quant à ce que nous pouvons faire. Nous sommes appelés à être libres et dévoués, mais nous ne devons pas essayer de faire le travail que seul l'Esprit peut faire. Nous ne voulons pas que les gens nous suivent. Nous voulons qu'ils soient des disciples de Jésus.

« **Publications Chrétiennes inc.** » est une maison d'édition québécoise fondée en 1958. Sa mission est d'éditer ou de diffuser la Bible ainsi que des livres et brochures qui en exposent l'enseignement, qui en démontrent l'actualité et la pertinence, et qui encouragent la croissance spirituelle en Jésus-Christ.

Pour notre catalogue complet :
www.publicationschretiennes.com

Publications Chrétiennes inc.
230, rue Lupien, Trois-Rivières, Québec, CANADA – G8T 6W4
Tél. (sans frais) : 1-866-378-4023, Téléc. : 819-378-4061
commandes@pubchret.org

www.ingramcontent.com/pod-product-compliance
Lightning Source LLC
Chambersburg PA
CBHW071658090426
42738CB00009B/1581